그리운 기억, 남겨진 사랑

첫 번째 이야기

그리운 기억, 남겨진 사랑: 첫 번째 이야기
양승복 외 5인 지음

초판 인쇄 2024년 05월 25일
초판 발행 2024년 05월 30일

지 은 이 양승복, 이아영, 천정은, 염성연, 이동소, 이태린
펴 낸 이 양현덕
펴 낸 곳 (주)디멘시아북스
기획·편집 양정덕
디 자 인 이희정

등록번호 제2020-000082호
주　　소 (16943) 경기도 수지구 광교중앙로 294 엘리치안빌딩 305호
전　　화 031-216-8720
펙　　스 031-216-8721
홈 주 소 www.dementiabooks.co.kr
이 메 일 dementiabooks@naver.com

ISBN 979-11-985769-7-2 03810
정　가 14,000원

ⓒ 양승복 외 5인 2024 Printed in Korea

* 이 책은 저작권법에 따라 보호받는 저작물이므로 무단전제와 무단복제를 금하며, 책 내용의 전부 또는 일부를 이용하려면 반드시 저작권자와 (주)디멘시아북스의 서면동의를 받아야 합니다.

* 파본이나 잘못된 책은 구입하신 곳에서 바꿔드립니다.

그리운 기억,
남겨진 사랑

첫 번째 이야기

디멘시아 문학상
수기 부문 작품집

양송복
이아영
천정은
염성연
이동소
이태린

Dementia Books
디멘시아북스

| 발간사 |

  치매는 병을 앓는 환자뿐만 아니라 환자를 돌보는 가족과 보호자 모두에게 커다란 도전이며 적응하기 힘든 고통의 순간을 경험하게 합니다. 시간이 지나면서 사랑하는 이의 기억이 희미해지고 일상의 순간들이 낯설어지는 과정을 옆에서 지켜보는 것은 매우 고통스러운 일입니다. 우리는 문학이 이러한 아픔과 고통을 이해하고 공감하는 데 중요한 역할을 할 수 있을 것이라고 믿습니다. 글쓰기와 이야기를 통해 치매의 실상을 드러내고 치매로 고통받는 이들의 삶을 섬세하게 표현함으로써, 우리는 그들의 삶을 이해하고 조금이나마 더 가까이 다가갈 수 있게 될 것입니다.

  2017년 제1회 소설 부문 공모전을 시작으로 올해로 8회째를 맞은 『디멘시아 문학상』은 바로 이러한 글쓰기와 이야기의 힘을 믿고 2021년 제5회 공모전부터는 치매 환자와 그 가족, 그리고 돌봄 종사자의 경험을 담은 수기 부문을 추가했습니다.

  우리는 문학을 통해 치매라는 병에 대한 사회의 부정적인 인식과 편견을 없애고, 치매와 돌봄에 대한 바른 이해와 사회적 공감대를 넓힐 수 있을 거라 믿습니다. 그러한 출판사의 믿음과 투병과 돌봄 과정의 희로애락을 담은 소중한 경험과 감동적인 사연을 전하는 작가들의 노력 덕분에, 『디멘시아 문학상』은 치매 가족들에게 위로와 공감을 주는 동시에 다양한 돌봄의 경험과 지혜를 나누는 장으로 자리를 잡을 수 있었습니다.

〈그리운 기억, 남겨진 사랑: 첫 번째 이야기〉는 『디멘시아 문학상』의 수기 부문 수상작을 엮은 첫 번째 모음집입니다. 각각의 이야기에서 누군가는 우리 근현대사를 온몸으로 부딪히며 한 많은 인생을 살아오다 이제는 치매에 걸려 인생의 소중한 기억조차 희미해진 어르신들의 이야기와 그분들과 함께한 돌봄의 시간을 기록합니다. 또 누군가는 어머니, 할머니의 기억을 되찾기 위해 노력하고, 때로 엉뚱하기까지 한 행동을 하는 어르신들을 가까이서 지켜보면서 깨달은 삶의 교훈과 인생의 의미를 이야기합니다. 따뜻한 돌봄의 온기로 환자의 소중한 일상을 채워 나가는 가족과 의료진, 돌봄 종사자들의 이야기에는 눈물과 미소, 좌절과 희망이 공존합니다. 이번 모음집을 통해 독자들은 치매라는 힘겨운 고통 속에서도 소중하게 간직된 그리운 기억과 사랑이 어떻게 서로를 이어 주는지 확인하며, 애정 어린 돌봄과 헌신이 어떻게 인간의 가치를 일깨우는지 발견할 수 있을 것입니다.

　마지막으로, 치매 어르신들과 함께한 소중한 삶의 이야기를 세상에 내어 준 작가들께 진심으로 감사드립니다. 그분들의 솔직한 이야기와 작품을 통해 치매 환자와 그 가족들의 삶에 대한 이해를 넓히고, 어려움 속에서도 희망과 사랑을 잃지 않는 법을 배울 수 있었습니다. 디멘시아북스는 〈그리운 기억, 남겨진 사랑〉 시리즈를 통해 치매로 고통받는 많은 분들께 위로와 용기, 그리고 새로운 희망과 감동을 전하며, 치매 환자와 보호자들을 위한 따뜻한 공동체를 만들어 나가는 데 더욱 노력하겠습니다.

| 차례 |

발간사   4

양승복   낯 가는 여인   9
            제5회 최우수상 수상작

이아영   네잎클로버   33
            - 제5회 우수상 수상작

천정은   내게 남은 마지막 하루   59
            - 제5회 장려상 수상작

염성연   똥으로 그린 그림   129
            - 제5회 장려상 수상작

이동소   마디진 어머니 사랑   157
            - 제5회 장려상 수상작

이태린   빈껍데기   185
            - 제7회 장려상 수상작

낫 가는 여인

제5회 최우수상 수상작

양승복

수상 소감

장마에 한 줄기 햇살 같은 기쁜 소식에 잠이 달아났습니다. 한밤에 일어나 다시 낫 가는 여인을 읽고, 그 반달 같은 눈 미소가 그리웠습니다. 요양원에서 일하며, 어르신들이 갖고 있는 사연들과 접하며 인생을 다시 배우게 되었습니다. 어르신들의 사연은 우리나라의 근대 역사이기도 합니다. 우리 아버지의 고된 무게의 짐은 우리나라의 기둥이 되고, 우리 어머니의 각박한 삶은 우리들의 젖줄이 되어 이만큼 성장했습니다. 그래서 한 분 한 분이 더 소중하고, 그분들의 이야기에 귀를 기울이게 되었습니다. 그중 순수하고 아름다운 그분을 만나 많이 행복했었기에 그분 조마님이 주시는 상으로 느껴집니다. (※ 글에 나오는 그분을 요양원에서는 '조마님'이라고 불렀습니다.) 아마 조마님이 하늘에서 합죽하게 웃고 계실 것 같네요.

한 많은 여인의 삶을 최우수상으로 선정해 주신 심사 위원님께 감사드립니다.

1.

비단같이 흐르는 햇살이 눈부시다. 떨어지는 꽃잎은 바람 타고 춤을 춘다. 꽃잎 세상이다. 마치 왈츠를 추듯이 하늘을 무대로 우아하게 돌고 돈다. 내가 근무하는 요양원 어르신 한 분이 "이렇게 예쁜 세상이 있다니 너무 좋다."라고 하신다. 자신의 감정을 표현하고 사시는 분이 아니어서 울컥하게 가슴을 울렸다. 나는 어르신을 껴안으며 "어르신이 더 예쁘세요."라고 했다. 빙그레 웃으며 하늘로 옮기는 눈빛에서 한 많은 사연이 서리서리 맺힌 고단함이 느껴졌다. 한숨을 길게 들이쉰 어르신은 비단 옷고름 풀어내듯 어느 봄날을 회상하신다.

* * * * *

예전에 봄바람이 유난히 어지럽게 불던 사월의 어느 날이었지. 남편은 소를 몰고 나가 논을 갈고 점심을 먹으러 들어왔어. 누가 찾으면 없다고 하라며 윗방으로 올라갔지. 그 뒤를 따라 반장하고 하얀 두루마기를 입은 남자 서너 명이 마당에 서서 남편 이름을 불렀어. 없다고 해도 들어오는 걸 봤다며 신발도 있으니 나오라고 다그쳤어. 남편은 점심도 못 먹고 따라 나간 후 돌아오지 않았지.

그렇게 그가 넘어간 뒷산을 바라보며 한여름을 밭고랑에 앉아 등줄기에 흐르는 땀보다 많은 눈물을 흘리고. 겨울은 얼음장같이 얼어붙은 가슴을 부여안고 베개를 적시며 지냈지. 다시 봄을 맞으며 환한 봄이 싫었지. 구석구석에 어두운 그림자가 도사리고 있는데, 잔설이 봄바람을 잡고 늘어지는 찬바람만이 내 살 속으로 파고들었지. 그래도 남편이 곱다고 하던 누비 적삼은 반닫이에서 꺼내 보지도 못했어. 고우면 안 되는 날들이었고, 햇살이 아름다우면 안 되는 세월이 흐르는 동안 뱃속의 아이는 태어났지.

귀여운 둘째 딸, 분신처럼 심어 놓은 씨앗을 남편도 모르고 나도 몰랐지. 내 삶이 되어 버린 불쌍한 유복자(遺腹子). 살다 보니 모든 것은 다 정해진 인연 따라 만나고 헤어지는 것이었어. 남편과의 인연도 거기까지였다면, 유복자 둘째 딸은 남편의 두고 간 선물이라는 것을 알게 되었지. 일곱 살이 된 큰딸을 그늘 삼아 봄 햇살이 아름다운지 여름이 뜨거운지, 가을이 가고 겨울이 오는지도 모르는 삶을 살게 되었어.

생각해 보면 나는 평생 낫을 갈며 살았던 거야. 내 남편을 데리고 나가 혼자 돌아온 반장을 향해 나는 늘 낫을 갈았거든. 그렇게 가기 싫다는 사람을 데리고 갔으면 같이 와야지, 저 혼자만 살아서 활보하는 꼴을 보면 손발이 떨렸어. 한양 조씨 양반가에 태어나 곱다는 소리를 한 몸에 받으며 귀하게 자랐지. 그런데 남편을 그렇게 보내고, 딸만 둘 데리고 사는 우리 집을 누구라도 허투루 대할까 봐 나는 밤에도 낫을 머리맡에 두고 살았지. 지금 생각하니 내 외로운 팔자가 싫어 상대 없는 세상을 향해 낫을 휘두르고 살지 않았을까?

나를 지킨다는 명목으로 반장을 향한 미운 마음이라는 명분을 세웠지만, 사실은 내 고단한 삶을 향해 날을 세웠는지 모른다는 생각이 드네. 아이들이 출가하고도 낫 가는 것을 멈추지 않았지. 그 낫이 나를 향해 있는 것을 알 수 없었어. 날을 세우고 산다는 것이 얼마나 고단한 삶인지 그때는 미처 알지 못했지. 나는 남들이 넘보지 못하는 내 존재를 만들었어. 아이들에게 쌀밥을 먹이고, 살림을 늘려 양식을 꾸어 주는 집이 되었지.

딸들이 출가하여 자기들의 삶을 꾸리고 사느라 어미 존재가 희미해져 갈 무렵, 마음을 열어 보지 못하고 살아온 내 영혼은 시름시름 시들어 가고 있었지. 하지만 아무도 그 사실을 알 수 없었어. 낫을 갈며 사느라 몰랐던 고독이 문살을 헤집고 찾아왔지. 고독은 마음의 빗장을 열고 자유를 찾아 떠나도록 내 손을 잡아끌었어.

나는 빗장을 열고 나가 산과 들을 헤매고 다녔어. 무엇을 찾으러 다녔는지 버선발이 흙발이 되도록 헤매고 다녔지. 평생 가슴에 멍울로 새겨진 억울한 한을 따져 보고 싶어 반장을 찾아 나선 것일까? 산 넘어간 내 남편을 찾으러 간 것인가?

세상을 향해 날아오른 나는 고삐 풀린 망아지가 된 거지. 살면서 막내 딸이 유복자인 것이 불쌍해 가슴에 사무쳤지만, 아무에게도 말할 수 없었어. 동여맨 마음이 무너져 내릴 것만 같았거든. 평생 가슴 깊이 간직한 그리움이 꾸물거리고 올라오며 나는 산에다 들에다 소리치며 절규했어. 하늘을 향해 소리 지르고 원망하며 걷고 또 걸었어.

놀란 딸들은 엄마를 잃을까 우리 집으로 몰려왔어. 식구들이 문을 잠그고, 망을 보며 지켜도 작은 몸 하나 당하지 못했다는 거야. 큰딸은 나를 데리고 집으로 왔지. 나는 살던 곳을 기억하고 있었어. 남편을 보내고도 몇십 년을 살던 동네를 잊을 수 없었지. 늘 그 동네 이름을 중얼거리며 큰딸 집에서 다리가 기억하는 대로 우리 집을 찾아갔지. 그 집에 살던 사람들을 찾아 온 들판을 헤매고 다녔어.

찾아다니던 어린 딸들은 어디 가고, 어느새 어른이 되어 버린 딸들이 나를 붙들고 울었어. 내 머릿속은 더 혼란스러워졌어. 나는 망연자실하여 멍하게 앉아 자리에서 일어나지 못했지.

사람은 얼굴에만 주름이 생기는 것이 아니라네. 내 머릿속에 쭈글쭈글 주름이 생겨 기억이 회로를 잃고 만 거지. 얼마나 마음을 동여매고 살아왔는지 알 수 있지. 마음을 트고 감정의 빛을 부드럽게 받아들이지 못한 내 삶. 낫을 갈며 가슴에 돌덩이 하나를 품고 사는 인생은 나를 엉망으로 만들었던 모양이야.

늙은 어미만 바라보고 살기에는 아직은 바쁜 큰딸. 나를 데리고 밭을 매기도 하고, 밥도 하고 같이 자고 했지. 극진하게 위하고 귀찮게 감시하고 꼼짝 못하게 했어. 같이 방에 앉아 텔레비전 보다가 여자들이 모여 손가락질하며 웃고 떠드는 소리가 나보고 욕하는 것 같아 물을 떠다 냅다 뿌려 버렸어. "이놈의 망할 년들!"이라고 욕하고 삿대질하며 들어가라고 소리를 질러 댔지. 평생을 욕먹지 않고 살려고 노력했는데 화가 많이 났지. 그런데 큰딸은 나를 안고 통곡하며 울었어. 그러면 딸도 같은 편인 거 같아 화가 더 났어. 나는 사람이 오면 부엌에 가서 밥상을 차려 대접도 했지. 이렇게 정성을 들이며 사는데 사람들은 치매라고 수군거리며 가까이 오지 않았어.

큰딸은 아무것도 하지 못했지. 나만 감시했어. 그래도 빠져나와 나만의 세상을 향해 떠돌아다녔지. 그런데 사람들은 용케도 찾아냈고, 딸은 나를 타박하고 혀를 차고 울며 서러워했어. 나는 근동 파출소 단골손님이었지. 사람들은 나를 만나면 거기로 데리고 갔어. 파출소 사람들은 모두가 친절했어. 따뜻한 물도 주고 재미있는 말로 웃겨 주곤 했어. 아들이 있으면 이만할까 하며 잠시 상념에 들기도 했지. 큰딸이 와서는 하염없이 그 사람들에게 굽신거리고 하소연도 하면서 내 손을 꼭 잡고 집으로 돌아왔지.

마음 쓸 것도 없고, 눈치 볼 것도 없이 자유를 향해 마음을 풀어 놓았어. 딸들은 그 자유를 위험하다며 구속하고 감시하고 했지. 내 편은 아무도 없었어. 그러던 어느 날. 옷가지를 싸서 나를 차에 태우고 멀리 여행을 떠났어. 그리고 나를 모르는 곳에 두고 모두 가 버렸어. 그래서 다시 혼자가 되어 버렸네.

* * * * *

조마님은 요양원에 들어오실 때 치매 증상이 심한 편으로 밖으로 나가고 싶어 하는 강한 의지가 있었다. 따님들은 울며 불쌍한 어머니를 부탁했다. 조마님은 만만하지 않는 성품으로 누구 말도 듣지 않는 강하고 곧은 성품이었다. 대소변 처리는 스스로 잘 하셨고 본인 가족도 알아보셨으나, 가족들이 당신을 떼어 놓으려 하는 눈치를 알고 많이 불안해하셨다.

2.

나는 밖으로 나갈 수가 없었어. 문은 다 잠겨 있어 창문으로 내다보는 것이 고작이었어. 그곳을 향해 딸들 이름을 부르며 나가게 해 달라고 했지만 나만 따돌리고 대답을 하지 않았어. 내가 나타나면 슬슬 피하며 이야기를 하지 않는 거야. 아무리 소리 질러도 타박하는 사람은 없고, 기다리면 딸들이 온다고 달래는 이상한 곳이었어. 아이 취급하며 노래 불러 주며 놀아 주고, 마실 거 먹을 거를 먹으라고 내놓으며 나를 달랬지.

이곳은 이제까지 살아오던 세상과는 다른 곳이었지. 나갈 수도 없게 문은 모두 잠그고 마음대로 할 수 없게 간섭하면서, 이유 없이 잘해 주고 친절한 척하고 귀찮게 했지. 모르는 사람들 같기도 하고, 아는 사람들 같기도 한 이곳을 도통 모르겠어.

밥은 밥그릇도 없이 판에다 밥을 주고 반찬은 심심해서 먹을 수가 없고, 된장은 날내가 나서 밥맛을 잃어버렸지. 난 먹을 수가 없었어. 밥을 안 먹으니 죽을 주고, 죽은 죽어도 먹기 싫다고 하니 다시 밥을 주고, 뭐 하나 마음에 드는 일이 없었어. 숟가락으로 밥 판을 치며 가지고 가라고 소리를 지르며 고약을 떨었어.

딸들이 가끔 죽을 쑤어 와서 먹기도 했지만, 나만 빼고 모두가 한편인 건 확실했어. 늘 나를 바라보면서 수군거렸거든. 목욕시켜 준다고 옷을 벗기려 하여 머리를 후려치며 나무랐지. 내가 할 수 있는 일들을 이들은 일일이 막으며 간섭을 했어. 내가 혼자 한다고 하면 위험하다고 참견하며 정말로 귀찮게 했지.

나는 약을 먹지 않고 살았어. 몸은 작아도 강단이 좋아 잔병치레를 하지 않았거든. 이렇게 멀쩡한데 약을 먹으라고 하는 거야. 약을 먹지 않았어. 내가 살아온 긴 세월을 자기들 마음대로 돌려놓는 것이 보통 화가 나는 것이 아니야. 아프지 않은데 약을 먹으라고 한다며 소란을 떨었어. 그래서 약을 먹지 않게 되었어.

* * * * *

　같이 사시는 어르신들이 식판에 드시는 것을 보고 조마님도 서서히 드시게 되었으며, 약은 시럽에 타서 드리기도 하고 간식에 넣어 드렸다.

3.

　못 나가게 문을 다 잠그고 망을 보는 거야. 답답해서 살 수가 있어야지. 딸이 기다린다고, 가야 한다고 졸랐지만 열어 주지 않아 창문 바라기가 되었어. 그래서 날마다 농을 열고 옷가지를 보자기에 쌌지. 네까짓 것들이 아무리 막아도 나갈 것이라고 틈을 노리고 있었지만, 한 번도 도망치지 못했어. 야속하게도 말이야. 그래도 짐 싸는 것을 멈추지 않았지. 보따리 싸는 게 유일한 낙이고 희망이었어.

　밖을 나가지 못하는 나는 밤마다 꿈을 꾸며 온몸이 땀에 젖도록 돌아다녔어. 소리를 지르며 남편을 데려간 반장을 찾아 따지러 다니기도 하고, 딸들 이름을 불러 대기도 하고, 침대에서 내려와 다른 침대 할머니를 깨우고 방마다 불을 켜고 찾아다니고 했어. 밤마다 잠도 자지 않고 나는 점점 멀리 가고 있었지. 사람들은 땀에 흠뻑 젖은 나를 닦아 주고, 때로는 새 옷을 입혀 주며 어디 갔다 왔느냐며 웃어 주고 했어.

　내 이름은 조마님이었다네. 어르신이라 부르면 지팡이로 바닥을 치며 조마님이라 부르도록 했어. 한양 조씨 양반가에서 귀하게 자란 나를 마구 대하고, 이리 가라 저리 가라 하면 혼쭐을 내주고 시키는 대로 하지 않았어. 허투루 대하는 사람들에게 호통도 치며, 이곳에서도 낫 갈던 버릇을 버리지 못하고 나를 지키고 있었던 거야. 그래서 영원한 조마님으로 살게 되었지. 위험하다는 핑계로 지팡이는 빼앗기고 작은 구루마를 타고 다녔지.

그렇게 이곳도 사람 사는 곳이라고 옆집 사람들이 놀러 온 것처럼 익숙한 얼굴들이 되었네. 아니 오래전부터 알던 사람들이 점점 많아지고 있었어. 사람들을 모아 놓고 노래도 부르고 춤도 추는 곳으로 나를 데리고 갔어. 넓은 곳으로 많은 노인들이 앉아 있었지. 춤추고 노래하는 사람들은 내 손을 잡고 알랑거리며 노래를 부르라고 했지. 처음 보는 사람들은 내가 웃기를 바라고, 노래도 따라 부르라고 입을 크게 벌려 가며 춤을 추었지. 평생을 이렇게 흥청거리며 살아 본 적이 없었기에 어리어리했지만, 나도 모르는 사이에 흥얼거리고 있었지.

살면서 이렇게 많은 사람과 모여 본 적도 없는데 노래를 한다니, 처음에는 망측한 생각이 들었지. 하지만 속에서는 흥얼거리며 따라 부르고 있었던 거야. 내 속에 모든 것이 살아 있었어. 낫 가는 일에 전념한 나는 모든 것을 참고 감추며 살고 있었어. 얼어 있던 가슴이 이렇게 하나하나 풀려나오고 있었던 거야.

나는 덩실거리고 춤도 추고, 웃으며 노래도 흥이 나게 잘 불렀어. 그들은 나를 에워싸고 손뼉을 치며 좋아했지. 모두가 젊은 시절을 함께 보낸 사람들처럼 낯이 익었어. 오랜만에 만난 처녀 적 친구들이었어. 내 기억 속에 있는 친구 이름을 부르며 반갑게 손잡고 그렇게 놀았어. 다시 살아나고 있는 것인가. 내 머릿속 주름에 살이 오르고 있는 것인가. 나는 가끔 처녀 적 친구도 만나고, 남편도 만나고, 어린 딸도 만나며 살아가고 있었어. 그럴수록 점점 혼란스러웠어. 때로는 그 속에서 더욱 헤어 나오지 못하고 밤마다 그 실체를 찾아 헤매고 다니게 했어.

창밖을 보며 노래를 흥얼거리는 일이 생겼다네. 그렇게도 답답하던 이 생활에 체념을 한 것인가. 뭐가 어떻게 돌아가는지 잘 모르지만 흥이 살아난 것은 확실하네. 내가 좋아하니 노래 부르고 춤추는 사람들에게 자주 데리고 다니며 놀게 했지. 이렇게 살아 본 적이 없었기에 나는 좋았지. 내가 이런 놀이를 좋아하는지도 모르고 살았으니까. 평생을 속으로만 흥얼거리던 노래를 마음껏 부르며 살게 되었어.

*****

조마님은 흥이 있어 노래를 잘 불렀으며, 봉사 오신 분들에게 우리가 모르는 이름을 부르며 아는 척했다. 식사는 감정 기복이 심하실 때는 투정을 부리며 식기를 던지기도 하셨지만 대체로 식사를 잘 하셨다. 목욕할 때 옷자락을 붙들고 놓지 않으셨다. 당신 스스로 벗고 혼자 목욕을 하시면 보호사님들이 도와드렸다. 성격상 까칠한 모습으로, 때론 고약스러운 행동을 하셨지만 성품이 착한 분으로 습관적인 배려가 몸에 배어 있었다. 밤마다 병실에 불 켜고 다니는 행동은 한동안 지속되어, 같이 이름을 부르며 찾으러 다른 곳으로 모시고 가기도 하고 앉아서 이야기도 했다.

언젠가는 어느 한 분에게 집착하여 그 어르신에게 우리가 알지 못하는 "○○ 아주머니!"라 부르며 "왜 집에 가지 않고 여기 있느냐?"고 매일 찾아다녔다. 그 어르신을 1인실에 모셨어도 찾아내 빨리 집에 가시라고 성화를 하셨다. 그 집착이 끝나지 않아 어르신에게 양해를 구하고 병동을 옮겨 드렸다. 그리고 찾아다니다 서서히 잊은 듯이 찾지 않으셨다.

4.

지금 창밖의 햇빛이 찬란한 것은 낫 가는 것을 멈춘 마음 때문일 거야. 이곳에 온 지도 근 5년이 되었으니 평생 낫을 가느라고 누구하고도 가까이할 수가 없었어. 시간이 흐르며 날을 세우던 감정선이 느슨해지고 이곳 사람들의 사랑을 받아들일 수 있었지. 그러면서 정신이 좀 맑아지고 잘 웃는 사람이 되었어. 웃으면 합죽한 입과 반달눈이 귀엽다고 하여, 어른 보고 귀엽다고 하면 안 된다고 호통을 치지. 그러면 잘못했다며 빌고, 깔깔거리며 웃고 하는 분위기를 나는 좋아했어. 내가 웃으면 그들도 좋아 웃고, 그렇게 살다 보니 5년이 되었네.

어제는 큰딸이 하루 종일 옆에 앉았다 갔어. 고생하지 말라고 부잣집으로 시집보냈더니 일찍이 혼자되어 일을 소같이 하며 아이들을 키웠지. 딸이 밭고랑을 매면 갈퀴손으로 내 심장을 긁는 것 같았어. 그러더니 그 아들 또한 일찍이 결혼해서 쌍둥이 손녀까지 거두게 되었지. 이번에 시집보낸다고 고손자 보고 가라 하네. 이렇게 햇살이 고울 때 가야 하는데 고생만 시킨 딸들이 놓아주지 않네.

눈 감고 있으면 손을 조몰락거려 가며 살아온 세월을 간호사에게 이야기하는 것을 듣지. 내가 정신이 오락가락하지만 딸도 알아보고, 좋아하는 노래도 흥얼거리고, 예뻐해 주는 간호사도 알아본다는 것은 그나마 다행이지.

나를 놓아주지 않는 것인가. 아직 명을 다 하지 않았음인가. 뼈는 바삭하게 말라 구멍이 숭숭 뚫리고, 거죽만 남은 나를 봄바람은 그냥 두지 않았어. 벚꽃이 피고 질 때까지 올해도 병원에서 딸들 애를 태웠지.

병원에 누워 있는 동안 차를 세 번씩 갈아타고 큰딸이 매일 왔지. 오기만 하면 자고 있는 나를 주무르고 혼자 넋두리하고 훌쩍거리고 울다가, 내 말라빠진 손을 잡고 졸기도 했지. 주먹밥을 싸 와서 먹고, 커피를 홀짝거리고 마시고, 혼자 노래도 흥얼거리고 심심하지 않게 있다 가서 좋았지. 병실에 오래 앉아 있는 것이 신세를 진다고 간호사에게 극진하게 대했지. 이렇게 예쁜 딸이 70을 훌쩍 넘긴 할머니라네. 요즈음 들어 큰딸은 말끝마다 어릴 때 찡찡이 동생만 예뻐했다고 서운하다고 어리광을 부리네. 어릴 적에 나도 사랑받고 싶었는데 왜 엄마는 동생만 바라보았느냐고 칭얼거리네. 나도 그때는 아기였는데, 맨날 큰애 취급을 해서 어리광도 한번 부려 보지 못했다는 거야.

그저 든든하기만 했던 큰딸 마음을 살피지 못한 것은, 가슴에 낫을 품고 살면서 마음을 단단히 동여매었기 때문이야. 사랑의 온기를 쥐고 있어야 하는 손에 낫을 들고 살면서, 배불리 밥을 먹이지 못할까 허둥대며 살았지. 사느라고 응석 어린 말을 받아 주지 못하고, 따뜻한 눈길로 보듬고 손을 잡아 주지 못했어. 일찍 철이 들어 버린 딸의 외로움을 몰랐지.

생각하면 큰딸이 없었으면 유복자인 작은딸을 데리고 어디에 마음을 두고 살았을까? 유난히 철이 일찍 든 딸을 남편같이 동무같이 의지하고 살았지. 큰딸은 아이가 아닌 듯이 의젓하게 내 외로운 손을 잡았기에 그래도 되는 줄 알았어.

어미는 홀로 철이 들어가는 아이의 마음을 헤아리지 못하고. 큰딸은 혼자 허덕거리는 어미의 아린 마음속에 들어와 있었어. 이렇게 일찍 어른이 되어 버린 큰딸은 어릴 적부터 무거운 짐을 지고 살게 되었던 거지. 착한 성품에 자기도 모르게 지고 있던 무거운 짐을 세월이 벗겨 주었네, 다 늙어서 이제는 홀가분할 줄 알았는데, 힘겹게 살아온 세월이 서럽다고 하소연을 하네.

내 팔자까지 닮아 젊은 나이에 홀로 살게 될 줄을 누가 알았겠는가. 내 복을 나무라며 큰딸이 혼자 고생하는 것이 안타까웠는데, 엄마 팔자를 왜 내가 물려받았느냐고 귀여운 동생에게 물려줘야지 하며 투덜거린다네.

작은딸은 명이 긴 신랑을 만나 지금까지 어릴 때 응석을 부리고 살고 있어. 하나라도 내 팔자와 달라 다행이라고만 생각한 내가 참으로 어리석은 게야. 큰딸 앞에서 착한 둘째 사위를 늘 추켜세우고 자랑하고 살았으니 말이야.

처음에는 둘이 함께 오더니 언제부터인가 각각 찾아오네. 차가 있는 작은 사위가 오는 길에 태우고 왔었는데 말이야. 작은딸은 사사건건이 투정이야. 선생님들에게도 흠을 잡아 타박이고, 나를 위한다는 표현이 너그럽지 못하고 여전히 찡찡거려 내 마음을 불편하게 하지. 큰딸은 나를 돌보는 사람들에게 감사하다는 말을 습관처럼 하지. 어련할까. 하지만 그 성품이 내 딸을 평생 외롭게 했다는 생각이 왜 지금에야 드는 건지. 편하게 마음 한번 풀어놓지 못한 저 성격이 내 딸 가슴을 옭아매고 살지 않았겠는가.

만나서 이야기하지 못하고 각자가 간호사에게 소곤거리며 하소연을 하니, 벌떡 일어나 한마디 하고 싶지만 그렇지 못한 신세 아닌가. 무디고 착하기만 했던 과묵한 큰딸이 서럽다고 울어 대니 이 늙은 어미는 뼈가

녹아내리는 것만 같네. 작은딸은 언니가 치매가 온 것 같다고 하소연하며 마음먹고 전화하면 어깃장을 놓는 소리만 한다는 거야. 큰딸은 동생은 신랑이 오냐오냐하니 호강에 겨워 나닐 곳 다 다니면서 전화만 하면 아프다고 하소연한다고 하네. 언니가 치매가 왔다면 하나뿐인 동생이 끌어안고 울어도 시원찮을 판이요, 몸이 약한 동생이 골골하면 혹여 건강이라도 상할까 전전긍긍해야 하지 않겠는가. 어찌 그것이 흉이 되어 남에게 하소연해야 할 일인가.

　침상 머리에서 소곤거리는 소리는 나 들으라고 하는 소리 아닌가. 사람들은 내가 눈을 감고 있으면 듣지 못한다고 생각하지. 아직도 품 안에 있는 귀여운 자식들인데, 홀로 키운 금쪽같은 딸들인데, 아버지 없이 외롭게 자란 내 딸들…. 내가 살아야 하는 이유를 만들어 준 나의 또 다른 생명들이여! 나는 눈을 뜨고 내 딸들을 올려다본다. 지금도 작은사위가 오면 간호사들에게 자랑하지. 버릴 곳이 하나도 없는 사람이라고. 살아 있는 게 이렇게 좋을 수가 없거든.

　작은딸도 징징거려도 그렇게 귀여울 수가 없어. 올 때마다 내가 좋아하는 닭죽을 갈아 와서 호호 불어 입에 넣어 주니 말이야. 웃어 주면 볼에 뽀뽀를 해 주는 딸들을 두고 사위는 차에서 한숨 자고 들어오지. 그 딸들이 지금은 따로 오니 참으로 서글프네.

　나는 하루 종일 자는 듯이 누워 있다네. 그렇지만 다 자는 것은 아닐세.

눈을 뜨고 창문을 보고 있으면 간호사가 와서 가만히 들여다보지. 깨어 있으면 일어나시라고 침대를 올려 주지. 내가 웃거나 반응을 보이면 휠체어를 태워 한바탕 돌아 주기도 하지. 노래도 부르고, 꽃을 보여 주고, 밭에 심은 상추도 보여 주고, 논에 모를 심었다는 등 이런저런 이야기도 해 주면서 나를 데리고 다니지. 나는 허리가 아파 오래 앉아 있지 못하거든. 허리 아프다고 소리를 지르면 웃으며 데리고 들어오지.

그런데 어느 날, 햇볕이 너무 따갑게 든다고 나에게 허락도 받지 않고 병실을 옮긴 거야. 그것도 햇볕이 들지 않는 안쪽으로 말이야. 화가 나고 기분이 상했지. 아무것도 모르는 할망구라고 생각하는 꼴들이 미워 어떻게 하면 골탕을 먹일까 하다 밥을 먹지 않았어. 입을 다물고 벌리지 않았어. 너무 괘씸했어.

그랬더니 무슨 큰일이 난 것처럼 내 생각을 물어보지 않았다며 옮긴 사람을 탓하고 다시 제자리로 옮겨 놓았지. 나를 위한다고 한 일이지만, 내가 싫고 좋은 것도 모를 거라고 행동하는 것이 싫었지. 슬픈 것도 알고 좋은 것도 느낄 수 있고, 잘해 주는 사람도 못되게 하는 사람도 다 안다는 것을 알려 주고 싶었지.

나도 생각이 있고 하고 싶은 것과 먹고 싶은 것도 있고 맛있는 것도 안다는 것을 왜들 모를까. 죄송하다며 몇 번이고 간호사가 얼굴을 맞대고 말했지만 나는 가만히 있었어. 심술이 가라앉지 않아서 웃어 주지 않았어. 아직도 낫을 품고 사는 것인가.

 이렇게 누워 구루마 신세를 지고 다니면서도 창가에 앉아 밖을 보는 것이 아주 좋다네.

* * * * *

 조마님은 봄맞이를 병원에서 하셨다. 봄이면 햇살에 온몸이 달구어지는 듯이 고열에 시달렸다. 그때마다 딸들은 극진했다. 특히 큰딸은 많이 울었다.
 조마님은 가끔 맑은 정신으로 이야기도 하시고, 노래를 좋아해서 침상에서 흥얼거리는 모습이 보였다. 시간이 흐르며 고집은 많이 줄어들고 조용하게 앉아 계시는 시간이 많았다. 점점 순한 양이 되어 가는 듯이, 아니 세상을 해탈하는 듯 사랑스러운 조마님으로 변해 갔다.

 작은딸이 올 때마다 신체검사하듯이 조마님을 보고 한마디씩 건넸다. 눈이 짓물렀다. 아니면 발뒤꿈치 상처가 왜 나아지지 않느냐 등등. 여러 가지 문제를 삼아서 불편할 때가 있었다. 그러면서도 면회를 마치고 갈 때는 늘 고맙다는 인사를 하고 갔다.
 어르신이 땀을 많이 흘리셔서 응달로 침상을 옮겼다가 며칠을 고생했다. 식사도 하지 않고 토라지셔서 반성하는 기회를 가졌다.

5.

 세월의 시작은 봄인 거 같네. 꽃을 피우거든. 나는 더 마르고 굳어 가는데 말이야. 바스락거리는 내 몸에 손을 대는 사람과 눈을 마주하면, 돌보는 사람들이 소란스럽게 내 얼굴을 감싸고 이마를 부벼대지. 이 송장 같은 늙은이가 살아 있는 기적을 보이면 그게 반가운 모양이야.

 몇 년 전부터 병원 치레를 할 때마다 이번이 마지막이라고 생각했지. 이제는 풀어낼 것도 없는 텅 비어 버린 마음인데 무엇이 아쉬워 살아오는 것일까. 보잘것없는 나만 붙들고 살아온 허망한 날들이었는데. 그 척박한 삶의 끝에 많은 사람들의 보살핌과 대우를 받으며 살게 될 줄 누가 알았겠나.

 조마님이라고 부르며, 때마다 입도 잘 벌리지 않고 시원스레 넘기지도 못하는 나에게 정성껏 죽을 먹이고. 똥오줌을 깨끗하게 갈아 주고, 노래를 좋아한다고 앞혀 놓고 노들강변을 한 차례씩 불러 주고. 기분이 나아져 따라 하면 난리들을 피우지. 연거푸 몇 곡씩 부르며 사진을 찍어 딸들에게 보내기도 하니 말이야. 그러면 딸들이 전화해서 같이 부르기도 하고, 좋아졌다고 감사 인사도 하곤 하지.

 갓난아이 때는 어머니의 손길로 살이 올랐지만, 지금은 바람의 손길이 내 살점들을 흙으로 보내고 있다네. 통통했던 살점을 거죽만 남기고 다

가져갔으니 사람 모습이 아니라네.

얼마 전까지 나는 밤이 되면 잠을 자는 것인지 꿈을 꾸는 것인지, 발뒤꿈치가 다 닳도록 밤새 헤매고 다녔지, 밤새 소리를 지르며 두 팔을 내젓기도 하고 두 발을 허둥거리며 소란을 피웠지.

남편과 살던 집으로 가서 젊은 남편을 만나기도 하고, 귀여운 어린 딸을 만나기도 하며 발뒤꿈치에서 피가 나도록 돌아다녔지. 그러면 피멍으로 너덜너덜해진 발을 잡고 간호사는 깨끗하게 씻어 내고 약을 바르고, 가제를 도톰하게 붙여 베개 위에 올려놓았어. 그러면 발이 나을 사이도 없이 낮에는 자고 밤마다 소리를 지르며 헤매고 다녔어.

선생님들은 땀으로 흠뻑 젖은 옷을 갈아입히며 "기운이 어디서 나는지 모르겠어, 치매는 무서워."라는 말을 주고받았지. 피곤에 지쳐 깊은 잠에서 깨어나면 보리쌀을 씻어 안쳐야 한다는 생각에 다시 소란을 부릴 때도 있었어. 시어머니에 대한 두려움이 정신이 혼미해지면서 밧줄이 풀리듯이 풀려나오는 거야. 그런 나에게 선생님들은 "시어머니가 조마님 주무시는 동안 보리쌀 안쳤대요." 하며 죽을 먹여 주곤 했지.

이승과 저승을 오락가락하던 내 혼이 이승에 머물면 살아 있는 거고, 다시 외로운 길을 가야 하는 거지. 보일 듯 보이지 않는 끝이 야속하기도 하고 진저리가 나게 지루하기도 해.

간호사는 발 치료 대신 굳어 버린 내 다리를 잡고 굽혔다 폈다 하며 놀아 주네. 이제는 팔다리도 움직일 수 없이 기력이 쇠해진 나에게 힘내서 밤마실 가시라고 하네. 아픈 아이 다루는 엄마같이 '빨리 나아서 뛰어놀아라.' 하는 것 같았지. 정말 내 어머니같이 많이 의지하고 산다는 생각이 드네. 외로운 길에 한 송이 풀꽃같이, 한 점 불어오는 시원한 바람 같은 사람들이 있어 다행이야.

  등이 배겨서 아픈 것도 아프지만 쓰려서 돌아눕고 싶어도 꼼짝할 수 있나. 그런데 등창이 났다는 거야. 등창 치료를 한다고 소독을 한다, 약을 바른다고 들락거리며 이리저리 돌려 뉘이네. 등창이 문제가 아니야. 옆으로 누워 있으니 어깨와 팔이 저려 아파 오고, 침을 삼킬 수가 없어 베개로 흘러내리는 내 모습이 얼마나 흉하겠어. 등창이란 놈이 죽기 전에 내가 죽을 지경이야. 밥맛이 없어 삼키지를 못하니 콧줄을 해서라도 먹어야 산다고 딸에게 구구절절 설명하는 거야.

  때마다 죽을 입에 대고 입을 벌리라고 성화를 하고, 입을 벌리면 죽을 떠 넣어 주고 꿀떡꿀떡 삼키라고 애걸하는 거야. 딸들이 콧줄을 반대한다고, 이러다 가시겠다고 안타까워하며 말이야.

  딸들이 봄마다 고열에 시달리는 나를 입원 시킬 때 나를 더 이상 구질구질하게 만들지 말라고 소리 질렀지만, 내 늙은 딸들은 어미를 잃을까 절절했지. 그런 딸들이 다행히도 이번에는 반대한다는 거야.

콧줄도 하지 않고 죽도 넘기지 않는다고, 기력이 없어 잠만 자는 나를 작은 방으로 옮겨갔어. 밤이면 숨소리 하나 들리지 않는 홀로 있는 방. 하늘도 보이지 않는 작은 방이 답답하다 했더니 은혜방이라는 거야. 죽고 싶었는데 혼자인 거는 무섭고 싫더라고. 딸들도 그 방에 있는 나를 안고 울었지. 딸들이 간절하게 부탁하여 내 방으로 다시 돌아왔지. 햇살이 있는 창가에 누워 밤이면 가슴 절이는 숨결을 함께 들으며, 수런수런 우리들만이 들을 수 있는 이야기를 하고 하늘에 떠 있는 별을 보게 되었지. 가는 길이 외롭지는 않아 다행이야.

이곳에 온 지 8년이 되었어. 강산이 변하는 긴 세월을 살았네. 처음엔 살아온 세월도 서러운데, 구차한 노인들만 모아 놓은 이곳이 자화상을 보는 것 같아 싫었어. 팔자가 한스러워 내 복을 나무라며 살았지. 그러다 다리 힘이 없어지면서 구루마를 타고 생활하다 허리가 아파 누워 있게 되면서 저승으로 가는 길목에 줄을 서게 되었어. 얼마나 오랫동안 누워 있었나 기억도 안 나네.

옆 침대가 비면 새 얼굴이 그 자리를 차지하고, 그러다 나만 남기고 길을 떠나가 버리고 또다시 오고…. 다들 다시 인사도 없이 가 버리고 했지. 청상과부로 외롭게 산 세월도 모자라, 긴 명줄까지 타고난 팔자가 박복하여 신들을 원망할 때도 있었지. 왜 나만 데려가지 않는 거냐고.

어느 날부터 기다리는 이 길이 자연의 섭리라고 생각하니 지루하지 않앉네. 세월이라는 배를 타고 그냥 흐르는 거지. 사람들은 이렇게 살아 있는 나에게 살아 있는 것이 아니라고도 하지. 그렇지 않다네. 이렇게 누워 있어도 들을 수 있고, 예뻐하는 것도 알고, 싫어하는 것도 안다네. 그 명이 다를 뿐이고 가는 길이 다를 뿐이니 그렇게 말하지 말았으면 좋겠네.

내 옆 침대에 생명 연장 줄을 달고 오는 동지들이 있었지. 그것이 그 사람들 잘못이 아니라네. 바라보고 혀를 차며 비난하지 말게나. 타고난 운명 속에 정해져 있는 명을 찾아가는 길이 멀고 험준한 것뿐이라네. 처절한 외로움과 고통을 동반하는 인생도 많다네. 그냥 갈 때 좋은 꿈을 꾸도록 기도하고 도와주게나.

명은 태어날 때 약속이 되어 있는 거라네. 아무리 재촉해도 그 명을 다하지 않으면 끊어지지 않는 게 명줄이지. 십 년 가까이 침대에서 멀미가 나도록 기다린 지루한 길도 있다네. 몇 번이나 험준한 고비를 넘기면서 그때마다 명줄을 잘라 버리고 싶었지만, 지금은 내 명대로 잘 살고 깨끗한 몸으로 갈 수 있어 천운이라는 생각을 하게 되네. 가는 길에 철이 드는 거지.

젊은 영감이 나를 부르네. 길고 길었던 고부랑길 끝에 딸들이 웃으며 보내 주면 좋겠네. 많은 빚을 지고 가네. 고맙네.

* * * * *

조마님은 밤마다 침대에서 발버둥 치며 소리를 질러 발뒤꿈치가 늘 상처였다. 살이 올라올 수 없이 밤마다 소리를 지르며 헤매고 다녔다. 푹 파인 상처는 조마님 마음의 상처였다. 그리고 낮에는 주무시고, 가끔은 아주 멀쩡한 모습으로 웃고 대화도 하시고 노들강변과 태평가를 잘 부르셨다. 밤마다 섬망에 시달리는 분이 아닌 것 같이 모두가 손뼉 치며 노래를 함께 불렀다. 병원에 몇 번 오갈 때마다 딸들은 사이가 멀어졌다 가까워졌다 반복하다 조마님이 돌아가실 무렵에는 서로를 아끼는 모습이었다.

조마님은 목욕하시는 날 돌아가셨다. 깨끗하게 목욕하시고 옷을 입혀드리는데, 하얀 혀 위로 혈흔이 생겼다. 그 모습은 붉은 장미 꽃잎처럼 아주 빨갛고 선명했다. 병원으로 모셨으나 바로 운명하셨다. 생전의 깔끔한 모습대로 깨끗하게 하시고 그렇게 기다리던 영감께 가셨다.

네잎클로버

- 제5회 우수상 수상작

이아영

이번 제5회 디멘시아 문학상 수기 부문에서 우수상을 받은 이아영입니다. 저는 현재 숭실대학교 문예창작 전공에 재학 중입니다. 먼저, 저에게 이러한 과분한 상을 주셔 큰 감사를 표합니다. 이번 수상을 통해 제 이야기가 잘 전달되었다는 것에 큰 기쁨을 느끼고 있습니다. 특히 이번 5회 때부터 신설된 수기 부문에서의 수상이라 더욱 뜻깊습니다.

'치매'라는 주제와 수기 부문이 있다는 것을 보고 바로 저의 이야기를 써야겠단 생각이 들었습니다. 실제로 3년 전, 저의 친할머니가 치매로 돌아가신 후 저는 큰 후회와 함께 살았습니다. 이를 계기로 치매에 대한 관심이 높아졌고, 치매라는 말을 들으면 괜히 가슴이 울렁이는 때도 많았습니다. 치매에 관한 기사를 볼 때는 할머니가 떠올라 끝까지 정독하기도 했습니다. 이와 함께 창작 활동을 시작하면서 할머니의 이야기를 꼭 써야겠다고 다짐했습니다. 진짜 제 이야기를 쓰는 것이니 더욱 쉽지 않았던 것 같습니다. 몇 번의 퇴고를 거쳐 할머니와 저의 이야기를 녹여 낸 이 글로 후회를 조금이나마 덜 수 있을 거란 생각을 했습니다. 독자들 중에서도 분명히 꼭 할머니가 아니더라도 치매로 돌아가신 가족에 대한 후회, 그리움을 지닌 독자들이 있을 거라 생각됩니다. 그런 분들이 저의 글을 읽고 같이 공감하고 위로를 받을 수 있다면 더할 나위 없이 기쁠 것입니다.

아직 학생이라 연륜이 짧아 창작에 있어서 부족함이 많습니다. 하지만 이번 수상을 통해 앞으로 더 많은 이야기를 풀어 나갈 자신감을 얻게 되었습니다. 저는 누군가의 글을 읽고 공감하며 깨우치기도 하고 글로 인해 사람의 찰나의 심리, 감정을 변화시키는 것이 좋아 글을 쓰기 시작했습니다. 그래서 글을 쓰기 시작하면서 제 글과 이야기가 독자들에게 공감이 되고 진심이 전달될까 하는 점이 가장 큰 고민이었습니다. 하지만 이번 수상으로 그런 고민이 조금이나마 해소되었다는 사실에 깊은 감사를 드립니다.

아직도 우리 사회에서는 치매라는 병에 대한 인식이 좋지 않은 것이 사실입니다. 모든 병이 그러하듯이 치매에 걸리는 것 또한 좋은 일은 아니지만, 혀를 차며 회피하고 외면하는 것은 바람직하지 않다고 생각합니다. 치매에 관한 인식이 많이 바뀌어야 한다는 생각이 듭니다. 가장 고통스러울 것은 환자 본인이라고 생각되기 때문입니다.

저는 앞으로도 다양하게 할머니 이야기를 써 나갈 계획입니다. 이번 수상에는 저의 할머니도 큰 부분을 차지한다고 생각합니다. 하늘에 계신 할머니에게도 저의 마음이 전달되기를 바랍니다. 후회는 누구에게나 있을 수밖에 없지만, 저의 수기를 통해 지금이라도 후회 없는 선택을 할 수 있는 독자들이 계시길 바랍니다. 처음 써 보는 서툰 수상 소감을 끝까지 읽어 주셔서 감사합니다. 다시 한 번 이런 과분한 상을 주셔서 감사드리며, 앞으로도 최선을 다해 읽는 이들에게 공감이 되는 좋은 글을 많이 쓰도록 하겠습니다. 정말 감사합니다.

무성하게 자라난 잎사귀들을 품고 있던 나무는 자신들에게 위태로이 매달려 있는 사진들을 꼭 붙들어 매고 있었다. 또한, 옅게 살랑이던 바람은 나의 콧속을 간질이다 달아났다. 나도 모르게 훅 끼쳐 온 간지러움에 살짝 미소가 지어졌다. 한참을 같은 자세로 서 있던 나는 곧이어 작게 솟아나 있던 나무 앞에 그대로 내려앉았다. 그리고 매달려 있던 사진들은 나와 마주했고 나도 그 사진을 따라 활짝 웃어 보였다. 나무 아래 펼쳐져 있는 클로버들은 감쪽같이 어딘가에 있을 네잎클로버를 감추고 있었다.

출근길 꽉 막힌 도로 위, 왠지 모르게 상기되어 있는 기분이었다. 자동차 경적 소리가 여기저기서 난리를 피웠지만, 난 개의치 않았다. 대개 오늘 같은 상황이라면 짜증이 밀려올 법도 한데 어쩐지 오늘은 그저 콧노래만 흥얼거릴 뿐이었다. 거의 멈춰 있다시피 할 땐 강의 자료를 수시로 확인하며 목을 가다듬었다. 내부순환로를 통과하고 나서야 속 시원하게 액셀을 밟을 수 있었다. 근무하는 학교 근처에 다 왔을 무렵, 학교 도착하기 전 크게 나 있는 육교 위쪽에 어떤 할아버지가 목 놓아 울부짖고 있었다. 나도 모르게 브레이크를 밟았다. 곧이어 나를 향해 울리는 자동차 경적 소리에 허겁지겁 비상등을 켜고 차를 도로 갓길에 세웠다. 나는 반사적으로 할아버지가 있는 육교 위로 달려가고 있었다.

할아버지는 여전히 풀이 죽어 앉아 고개를 떨구고 목 놓아 울부짖고 있었다. 빠른 템포를 내던 구두 소리는 할아버지 앞에서 멈췄다.
"할아버지 왜 그러세요? 무슨 문제라도 생기셨어요? 가시려던 곳은 어디세요? 괜찮아요. 정말 다 괜찮아요."
나는 거친 숨을 토해 내며 살며시 들썩이던 할아버지의 어깨를 감싼 후 조심스럽게 토닥여 주었다. 육교 위는 할아버지의 크나큰 울음소리로 가득 메워졌다. 육교 위로 지나가는 모든 사람들의 눈길도 자연스럽게 나와 할아버지를 거쳐 지나갔다. 쉼 없이 울던 할아버지는 나의 말없이 계속된 토닥임에 조금씩 울음을 그쳐 갔다. 그리고 힘겹게 숨을 헐떡이며 겨우 입을 뗐다.
"마…누라. 우…리 마누…라가 없어. 나… 우야꼬 나는… 으디 갔는지 모르겄어…"
나는 할아버지 말에 더욱더 어깨를 거세게 끌어안았다. 여전히 할아버지의 울부짖음은 우렁차게 계속되었다.

머리 위로 수많은 나뭇잎이 바람에 일렁였고, 그 아래 벤치에 앉아 있는 할아버지는 초점 없는 눈을 하고 텅 빈 놀이터를 넋 놓아 바라보고 있었다. 활짝 고개를 내민 해는 할아버지의 초점 없는 눈을 더욱 밝게 비춰주었다. 그리고 벤치와 조금 거리를 둔 곳에서 나는 천천히 벤치 쪽으로 거닐어 가고 있었다. 그러다 나는 잠시 멈추었고, 핸드폰에 가득 쌓인 연락들을 확인한 뒤 다급하게 손을 놀리기 시작했다. 한쪽 팔꿈치에는 바 아이스크림 두 개를 간당간당하게 끼워 놓았다.

'여러분, 정말 죄송합니다. 오늘 강의는 본 교수의 예기치 못한 상황으로 인해 휴강을 공지합니다. 미리 공지하지 못해 정말 죄송합니다. 보강 일정은 추후 공지하겠습니다. 다시 한 번 정말 죄송합니다.'

공지 사항 게시판에 본글이 게시되었고, 게시 글을 완료했다는 알림이 뜨자 나는 그제야 안도의 숨을 내쉬었다. 고개를 들어 넋 놓고 앉아 있는 할아버지를 본 나는 멈추었던 발걸음을 다시금 빨리 놀렸다. 빠르게 가까워지는 구두 소리에도 할아버지는 미동조차 하지 않고 여전히 넋을 놓고 있었다.

"할아버지! 무슨 생각을 그렇게 하세요! 자, 여기요. 시원한 것 드시고 앓으셨던 속마음 시원하게 가라앉혀요. 그리고 저한테 막 하소연하셔도 괜찮아요. 저 얘기 듣는 거 진짜 좋아하거든요. 그래도 얘기하고 싶지 않으시면 안 하셔도 돼요. 막 재촉하고 그런 사람은 아니에요. 하하."

나는 할아버지에게 막대 아이스크림 하나를 건네며 말을 건넸다. 나의 격려에도 할아버지는 쉽사리 입을 떼지 않았다. 그저 내가 준 아이스크림만 묵묵히 먹고 있었다. 그런 할아버지를 보며 나 또한 아이스크림을 한 입 베어 물며 급하게 할아버지를 재촉하지 않았다. 할아버지에게 머물렀던 시선을 놀이터로 옮겼다. 우리는 그렇게 딱히 아무런 말도 하지 않은 채 시원한 아이스크림을 먹고 산뜻하게 부는 바람을 맞으며 한참을 앉아 있었다. 할아버지는 아이스크림을 다 먹고 난 막대기를 잘근잘근 씹다 겨우 입을 떼기 시작했다.

"우리 마누라 좀 찾아 줘. 어디 갔는지 모르겄어. 은제 없어졌는지두 모르겄어. 그냥 갑자기 없어져 부렸어. 나 우예? 좀 찾아 주면 안 되겄나? 보고 싶은 울 마누라. 분명 이 길로 같이 왔는디 마누라가 길을 잘못 들은 거 같어. 길만이라두 알려 주면 안 되겄나?"

어렵사리 입을 뗀 할아버지의 물음에 이번에는 내가 입을 떼지 않았다. 아니 떼지 못하였다. 그저 남아 있는 아이스크림만을 베어 물며 정면에 있는 놀이터만 바라볼 뿐이었다. 이야기를 이어 가는 할아버지 눈에 또다시 물렁한 무언가가 차오르고 있었다. 나는 다 먹은 아이스크림 막대를 손에 꼭 쥔 채 묵묵히 할아버지 말을 듣고만 있었다. 또다시 고요함이 우리 주위를 맴돌았고, 할아버지의 반복되는 코 훌쩍임과 동시에 나는 나도 모르게 쓴웃음이 지어졌다. 곧이어 나는 긴 한숨을 토해 냈다. 이내 나는 고개를 떨궜다. 곧바로 나의 어깨는 살짝 들썩이기 시작했다. 굵은 눈물이 내 허벅지 위로 마구 떨어지기 시작했다. 할아버지는 내 눈물에 흠칫한 것인지 이번에는 할아버지가 나의 울음에 관해 물었다. 아주 순수한 어린아이처럼. 덕분에 나의 어깨는 더욱 거세게 들썩이고 있었다.

  그렇게 한참을, 눈물을 쏟아 내던 나는 지쳐 몸에 힘이 풀리고 말았다. 아무것도 모르는 얼굴을 한 할아버지를 보니 우리 할머니가 더욱 그려졌다. 하지만 계속 그러고 있을 순 없기에 황급히 눈에 남아 있는 물기를 대충 손으로 닦아 냈다. 나는 재빨리 가방에서 휴지를 꺼내 할아버지한테도 건네 드린 뒤 고개를 돌려 코를 풀었다.

  나는 그랬다. 할머니를 그렇게 보내 드린 후부터 눈에 스쳐 가던 모든 할머니는 물론 할아버지들까지도 우리 할머니로 그려졌다. 허리를 깊이 굽혀 유모차를 막대기 삼아 걸어가시던 할머니도, 정말 아무것도 모르는 것 같은 순수한 얼굴로 길을 물어보던 할아버지도, 지금 내 옆에 있는 할아버지까지도 우리 할머니와 겹쳐 보이는 것이었다.

  할아버지는 내 손을 꼭 잡아 주었다. 딱딱하게 배긴 굳은살이 고스란히 느껴졌다. 다소 많이 거칠었지만 깃든 따스함이 느껴졌다. 그리하여 나도 따라 할아버지 손 위로 내 손을 얹어 보았다. 그런 나를 보며 할아버지는 누렇게 변색된 치아를 내보이며 활짝 웃어 주었다. 그리곤 또다시 내게 같이 할머니를 찾아 달라고 했다. 참으로 순진한 얼굴을 한 것이 나를 흔들었다. 한참을 할아버지를 바라보다 먼저 할아버지를 일으켜 세웠다.

"이 교수, 또 휴강했어? 대체 매번 무슨 일이야?"

 그랬다. 자주 거리 한복판에서 헤매고 있는 할머니, 할아버지들을 그냥 지나칠 수 없어 자연스레 휴강을 공지하는 날이 잦았다. 물론 보강을 생각하고 벌인 일이라지만, 수업에 소홀했던 건 사실이었다. 마땅히 들어올 지적이라고 생각했다. 하지만 이전에도 비슷한 사례로 휴강을 공지했다가 몇 번 학과장님의 지적을 받은 적이 있기에 사실대로 토로할 순 없었다. 그렇게 찾아낸 핑계가 집안 사정이었다. 어느 곳에서나 변명을 늘어놓을 때에 흔히 나오는 변명 중 하나지만 그렇다고 자세하게 물어보지 못하는 좋은 변명이었다.

 보강 자료를 위해 준비해야 할 것은 '치매'에 관한 심리였다. 수업 자료를 만들기 위해 노트북을 켰지만, 몇 시간째 새하얀 화면을 채우지 못하고 있었다. 수업 자료는 그야말로 학생들에게 가르쳐야 하는 강의를 만들어야 하기 때문에 보다 정확하고 확실한 자료들을 토대로 만들어야 했다. 하지만 쉽사리 시작을 못했다. 개인적인 견해가 들어갈 것만 같은 이유이기도 했다. '치매 환자의 행동심리증상' …, 겨우 제목만 적어 놓은 채 한참을 깜박이는 커서만을 바라보았다. 끊임없이 깜박이는 커서와는 달리 내 머릿속은 좀처럼 번뜩이지 못했다. 금세 머릿속이 우리 할머니로 가득 차올랐기 때문이었다.

우리 할머니는 내가 상담심리학을 전공하는 이유 중 하나였다. 치매에 대해 조금이나마 더 알았더라면 하는 후회에서 시작한 공부였다. 어린 나이였기에 치매에 대해 무지했던 것도 사실이었다. 하지만, 후회가 한이 되어 늦게나마 치매 환자와 보호자의 심리를 들여다보고 싶었다. 그렇게 하면 이제라도 우리 할머니와 조금 더 가까워질 수 있지 않을까 하는 마음에.

진작 이 전공을 그만둘까도 생각해 보지 않았던 것은 아니었다. 하지만 이대로 손을 놓아 버리면 더한 후회막심한 날들이 내 앞을 가로막을 것만 같았다. 이미 하늘에 있는 우리 할머니가 그곳에서마저도 나를 봐주지 않을 것만 같았다. 물론 나의 지나친 착각일 수도 있었다. 쉬울 것이라고 생각지도 않았다. 그래도 우리 할머니와 나, 세상 아무도 모르는 둘만의 약속이니 놓지 않을 것이었다.

모두들 어린 시절을 떠올리면 각자가 지니고 있는 추억이 다양하다. 그 추억 속에서 함께한 인물을 이야기해 보라 한다면 대부분이 그렇듯 부모님을 꼽을 것이었다. 그러나 나는 그 흔한 대부분에 속하지 못했다. 내 어린 시절의 시간을 함께한 대부분이라 함은 우리 할머니였기 때문이다.

세상의 빛을 바라본 지 1년도 안 됐을 무렵, 맞벌이 부부라는 이유로 나는 자연스레 할머니 손에 맡겨졌다. 시원한 도시 향이 밴 캐주얼한 향기보단 구수한 소똥 냄새와 진동하는 풀잎 내음이 익숙했다. 시골 생활에 익숙해진 탓에 엄마와 함께 서울로 돌아가는 길이면, 창밖으로 보이는 수많은 고층 빌딩들의 불빛이 어색하게 느껴지기도 했다.

우리 할머니는 엄마 아빠의 빈자리가 무색해질 정도로 내 어린 시절의 추억을 만들어 주었다. 집 앞 개울가로 나가 어릴 적 흔히 하던 물수제비를 뜨기도 하고, 개울가 옆 넓게 펼쳐진 들판으로 가서 맘껏 뛰놀기도 했다. 그렇게 쉼 없이 뛰놀다 집에 들어오면 할머니는 지친 기색도 없이 바로 배가 꺼진 나에게 포동포동한 찐만두와 시원한 식혜를 만들어 주었다. 모락모락 연기가 마구 남에도 나는 허겁지겁 금세 다 먹어 치웠다. 그런 나를 보고서 할머니는 누런 이와 반짝이는 금니를 드러내 보이며 활짝 웃어 보였다. 그러면 나도 덩달아 환하게 웃었다. 그때 할머니가 해준 식혜와 찐만두는 줄곧 기억에 남아 있다.

하루는 들판에서 네잎클로버 찾기를 할 때였다. 수없이 펼쳐진 클로버들 사이에서 네잎클로버를 찾기란 쉽지 않았다. 우리는 쭈그려 마주 앉아 찾다가도 금세 서로 먼저 등을 내보이며 네잎클로버 찾기에 참 열심이었다. 길고 긴 시간이 지나도 네잎클로버가 보이지 않자, 성질이 난 나는 저린 다리를 펴고 주저앉아 고개를 푹 숙여 땅이 꺼질 듯 깊은 한숨을 쉬었다. 그럼에도 할머니는 개의치 않고 나와 점점 멀어져 가며 계속해서 네잎클로버를 찾았다. 한참 멀리 갔던 할머니는 나의 투정 어린 외침에 그제야 돌아오곤 했다.

"이눔아, 거 얼마나 찾았다구 주저앉은 겨? 네잎클로버가 그렇게 쉽게 나올 줄 알았어? 아이쿠, 한심타 이놈아. 금방 내려앉으면 나타날 것도 안 나타나. 알어?"

할머니는 매번 주저앉는 나에게 같은 말을 되풀이했다. 철없던 그 시절엔 할머니가 나 몰래 일부러 네잎클로버를 숨겨 놓은 것은 아닌가 하는 생각까지 했었다. 모두 부질없는 탓이었지만. 그러면 할머니는 주저앉은 나를 다시금 일으켜 세웠다. 이번엔 반대편 들판으로 가서 찾아보자는 것이었다. 온몸으로 싫은 티를 내어도 할머니는 꿋꿋이 나를 이끌고 반대편으로 넘어갔다. 또다시 쭈그려 앉아 찾기를 반복했다.

"할미도 죽겠어. 허리두 다리두 성한 곳이 없어. 근데두 널 위해 찾는 거여. 알어? 누구나 첨엔 참도 열심이지. 행운의 클로버 희귀한 고것 하나 자신이 갖겠다구. 그런데 점점 찾다가 한 명씩 자기 합리화를 해부러. 기케 찾아두 없거든. 원래 네잎클로버는 사람들의 환상과 행복을 위해 구냥 만들어진 구설일 뿐이라구. 아님 두 잎 클로버를 합쳐 네잎클로버 흉내를 내곤 하지. 자기 행운을 찾은 사람인 걸 과시하기 위해. 것도 합리화를 하는 것이제? 그치만 달러. 두 눈을 부릅뜨고 찾아서 찾아낸 사람도 있으니께. 그것이 차이인 거여. 근데 끝까지 찾아낸 사람이랑 못 찾고 합리화하는 사람이랑 인생의 끝도 같을 거 같어? 아녀. 다르제. 할미가 뭔 말을 하는지 알건?"

내내 힘들다는 생각에 한 귀로 듣고 한 귀를 흘려보냈다고 생각한 말은 흐르지 않고 내 마음속에 단단히 자리하고 있었다. 아직도 힘에 부쳐 모든 것을 그만두고 싶을 때 자주 꺼내 보는 할머니의 말이었다. 이 말을 곱씹을 때마다 알 수 있었다. 할머니는 꾸준히 날 위하고 있었단 걸.

 할머니와 함께하는 시간이 한결같을 수는 없었다. 초등학교를 입학한 지 3년 정도가 지났을 무렵, 나는 그만 잔잔히 흐르는 개울가와 드넓게 펼쳐진 들판 사이 풍기는 소똥 냄새를 기억 저편으로 넘겨야 했다. 익숙했던 그 냄새는 잊혀져 갔고 나는 자연스럽게 세련된 도시 냄새에 익숙해졌다. 할머니 집에 들르는 횟수는 한 해에 손에 꼽을 수 있었고, 흔히 명절에 내려가는 정도가 다였다. 할머니와 나 사이의 거리 또한 자연스럽게 멀어지고 있었다.

 "어이구, 우리 공주님 왔어?"
 오랜만에 만난 우리 둘은 예전과 달랐다. 짧은 인사가 끝난 후엔, 지정석이 있던 듯 각자의 자리로 돌아갔다. 먹먹한 공기만이 우리 주위를 감쌌다. 엄마 아빠와 친척들의 시끌벅적한 말소리가 겨우 그 공기를 메웠다. 자라면서 변한 성격 탓에 좀처럼 할머니에게 다가가지 못했다. 왜인지 지금 생각해 봐도 헷갈리는 감정이었다. 아마 부끄러움이 반, 어른들에게 각인된 붙임성 없는 성격이 반이었던 것 같다. 할머니 또한 나에게 다가서려 하지 않았다. 그것이 날 위한 것이었음을 난 너무 늦게 깨달았던 것이었다. 할머니는 그저 묵묵히 부엌에서 굽은 허리를 펴지도 못하고 식혜와 찐만두를 해 왔다. 그 맛은 전과 같은 변함없는 맛이었다.

할머니의 기력은 예전 같지 않았다. 금방 쇠약해져 갔다. 엄마 아빠의 대화를 얼핏 듣기로는 허리, 다리가 모두 성치 않았다. 하지만 그중에서도 제일 심각했던 건 '치매'라는 병이었다. 나는 무슨 일인지 대뜸 물어보지 못했다. 나는 할머니를 크게 신경 쓰는 그런 아이가 아니었기에 그저 뒤에서 몰래 듣고 있을 수밖에 없었다. 그런 자신이 처음으로 초라해짐을 깨달은 날이었다.

이후로 할머니는 생각보다 빠르게 '치매'가 진행되고 있었다. 그럼에도 나는 아무것도 할 수가 없었다. 그저 한 발짝 다가가면 될 것을 어른들의 이상한 눈초리를 받기 싫어 망설일 뿐이었다. 할머니의 수많은 이야기를 담은 기억도 재빠르게 치매가 앗아가고 있었다.

"아유 이뻐라. 누구여? 참말로 이쁘게 생겼구만. 내 손녀딸 하구 싶구만."
하고 많은 기억 속에 치매는 나란 존재도 같이 앗아간 모양이었다. 할머니는 나를 알아보지 못하는 지경까지 이르렀다. 몇 번이나 엄마가 나를 설명하고 나서야 비로소 할머니는 나를 알아봤다. 그제야 괜한 쓰라림이 아려 왔다. 하지만 여전히 나는 아무것도 하지 않았다. 아니, 할 수 없었다.

할머니는 기억도 기억이지만, 많이 병약해진 탓에 작은 방에 홀로 누워 있는 시간이 많아졌다. 나는 그런 할머니를 흘깃 쳐다보는 정도가 다였다. 그러다 공교롭게 거실에 모여 있는 가족들의 말소리가 내 발을 붙잡았다. 나는 벽 뒤에 몰래 숨어 어른들의 대화를 엿듣게 되었다. 할머니를 요양원에 보내느냐에 관한 얘기였다. 아마 보내는 쪽으로 의견이 기울어진 듯했다. 내 아무리 아무것도 못 한다 해도 이건 아니란 생각이 들었다. 언제가 될지 모르지만, 할머니를 아는 사람도 없는 요양원에 보내는 것은 아니라는 생각이 들었다. 요양원에 혼자 있을 할머니가 그려졌다. 참지 못할 울컥함이 밀려왔다. 나도 모르게 입술을 씹고 또 씹고 있었다. 하지만 아닌 건 아니었다. 두 눈을 질끈 감고 가족들 사이로 파고들었다.

"아뇨, 할머니 요양원에 보내지 마요! 그건 아닌 것 같아요. 치매가 뭐라고 그 정도도 우리가 못 돌봐 드려요? 가뜩이나 할아버지도 일찍 돌아가시고 외로우셨을 할머니를 거길 또 보내서 외롭게 할 순 없잖아. 그치? 아빠! 이건 아니야. 안 돼요!"

"어머, 얘가 갑자기 왜 이럴까? 안 하던 짓을 하네? 이건 어른들끼리의 이야기야. 평소에 할머니한테 관심도 없던 애가 왜 이래? 가만히 방에 들어가 있어. 밥 먹을 때 부를 테니까 그때 나와."

"허허, 할머니가 아프니까 이제야 철든 거야? 아픈 할머니가 안쓰럽긴 했나 봐요. 진작 좀 들지. 왜 이제야 알았대? 어렸을 때의 네가 그립다면서 할머니가 얼마나 서운해하셨는데. 어렸을 땐 그렇게 할머니만 쫄래쫄래 강아지마냥 쫓아다니더니 커 가면서 안 그런다고 할머니가 얼마나 섭섭해하셨는지 몰라. 동서, 너무 뭐라 하지 마. 저도 깨달은 게 있나 본데. 그래도 이건 어른들끼리의 대화니 넌 들어가 있으렴."

엄마와 큰엄마가 너스레를 떨며 한 마디씩 던졌다. 그저 흘러가는 말이었겠지만 그 한마디가 나에겐 비수와도 같았다. 너무나도 큰 죄책감이 한꺼번에 몰려왔다. 어마어마하게 큼지막한 돌로 머리를 세차게 얻어맞은 것 같았다. 할머니는 아무것도 모른다는 듯 평온하게 눈을 감고 쌔근쌔근 숨소리를 내고 있었다. 그런 할머니의 얼굴을 보니 금세 코끝이 얼얼해졌다. 하지만 혹여나 곤히 잠든 할머니가 깰까 봐 그리고 밖에 있는 어른들이 들을까 봐 올라오는 울컥함을 꾹 삼켜 냈다.

서울로 올라와서도 온통 머릿속은 할머니 생각으로 가득했다. 떨칠 수 없는 죄책감에 눈물이 마르지 않았다. 그냥 한 발짝 다가가면 되었을 것을. 할머니는 언제나 나를 위하고 있던 것이고, 당신에게 걸음을 내딛지 않는 나를 재촉하지 않은 채 시간을 준 것이었다. 속으론 조급해했을지도 모를 일이었다. 그런 상심이 컸을 할머니가 그려져 매우 괴로웠다.

초승달이 길게 서린 밤, 은근한 공기 속에 연예인들의 시답잖은 농담을 주고받는 TV 프로그램 소리만이 울리고 있었다. 그리고 얼마 지나지 않아 TV 소리와 맞먹는 크나큰 핸드폰 벨소리가 집 안을 채웠다. 엄마는 전화기를 붙잡고 차분하게 말을 이어 나가다 흐느꼈다. 할머니의 시간이 머지않았다는 것이었다. 우리 가족은 차가운 공기를 뚫으며 분주히 준비했다. 분주한 준비 속 아무도 입을 떼진 않았다. 허겁지겁 차에 올라타 고층 빌딩들을 신속하게 지나쳤다. 나도 모르게 눈물이 마구 쏟아졌다.

그때만큼은 엄마 아빠도 아무 말을 하지 않았다. 창밖으로 보이는 달빛은 너무나도 어지러웠다.

할머니 댁에 도착하자마자, 나는 곧장 들판으로 갔다. 핸드폰 플래쉬를 켜고 미친 듯이 네잎클로버를 찾았다. 눈에 맺힌 무언가 때문에 앞이 뿌옇게 차올랐지만, 찾기를 멈추지 않았다. 새어 나오는 울음을 터트리며 마구 찾아냈다. 지체할 시간이 없어 이리저리 모든 들판을 휘저었다. 속으로 한 번만을 외치고 있을 무렵, 거짓말처럼 큰 나무 근처에서 도통 보이지 않던 네잎클로버가 보였다. 더한 눈물이 마구 쏟아졌다. 그리고 당장 그것을 들고 할머니가 있는 곳으로 단숨에 달려갔다.

창백한 얼굴을 하고 있는 할머니는 겨우 숨을 붙이고 있었다. 나는 할머니를 붙잡은 채 목 놓아 외쳤다.

"할머니! 할미! 나야. 나 할미 손녀! 할미 내가 뭐 가져왔는지 알아? 기억나 할미? 네잎클로버야 할미! 내가 찾았어. 보여? 할미 말대로 포기하지 않았어. 제발 할미… 내가 다 미안해. 너무 미안했어. 아니 죄송해요. 너무 늦게 깨달아서 진짜 미안해. 할미 한 번만… 응? 할미… 할미…"

"뭐시여? 우리 공주… 참말로 이쁘다. 잘했어 내 새끼. 해낼 줄 알았어… 내 새끼 인생 끝은 참말로 행복할 끼야… 내한텐 내 새끼가 네잎클로버야… 할미는 그걸로 됐단 거여…"

할머니는 그렇게 무거운 눈꺼풀을 지그시 감았고, 힘겹게 내쉬던 가쁜 숨도 그만 그쳤다. 붙잡고 있던 할머니의 손도 서늘함만이 자리했다. 그래도 아주 잠시 찰나의 순간이었지만, 흩어진 기억의 조각에서 나를 찾아내 주어 고마울 따름이었다. 그래서인지 더욱 알 수 없는 뜨거움이 울렁거렸고 그 손을 놓지 못한 채 울부짖었다. 애타게 불러도 더 이상 대답은 없었다.

  장례식을 마치고 할머니의 짐을 한두 개씩 정리했다. 아빠는 내게 서랍장을 정리하라 일렀고, 서랍에 있는 모든 물건들을 꺼낼 때였다. 마지막 칸 서랍을 열었을 때, 또다시 뜨거운 무언가가 올라왔고 주체할 수 없었다. 굳은 눈물 자국은 어김없이 흐르는 눈물로 가려졌다. 마지막 칸에는 아니나 다를까 네잎클로버 한 개가 놓여 있었다. 꽤 오래전 것인지 그 네잎클로버는 이미 시들어 비틀어져 있었다. 할머니는 그 네잎클로버를 내게 건네주고 싶은 순간이 수도 없었을 것이었다. 언제까지 날 기다리고 배려하려던 것이었을 지 가슴이 사무쳐 왔다.

  이후 몇 해가 지나도 할머니의 기억은 쉽사리 지워지지 않았다. 명절 때마다 큰엄마가 해 주시는 식혜와 찐만두를 먹을 때면 더욱 할머니의 기억이 아려 왔다. 그 맛이 아니었다. 더 이상은 맛볼 수 없는 그 맛. 당연하게 여기던 그 맛은 이제 없었다. 맛있냐는 큰엄마의 질문에는 씁쓸한 미소로 대답할 수밖에 없었다.
  열심히 살아가다가도 갑자기 나타나는 할머니의 기억을 애써 삼키려 하진 않았다. 또는 유난히 파란 하늘을 하고 있는 날이면, 하늘을 꼭 쳐다보며 환한 미소를 보였다. 우리 할머니는 그 자리 그곳에 자리하고 있으니까.

  그때, 내가 할아버지 손을 붙잡고 간 곳은 경찰서였다. 내가 해 줄 수 있는 것은 그게 최선이었으니까. 경찰관은 나에게 아마 치매인 것 같다며 가족들에게 연락드렸으니 걱정하지 말라고 했다. 나는 으레 짐작했던 참이라 놀랍지 않았다. 오히려 가족들에게 연락이 닿을 수 있음에 안도했다.
  할아버지를 향해 집요하게 물어보는 경찰관의 물음이 따갑게 경찰서 안을 울렸다. 할아버지는 그런 경찰관의 물음에도 구석 한 곳에서 웅크려져 있을 뿐이었다. 속으로 내 탓도 하고 있을 것만 같아 씁쓰름했다.

  그렇게 할아버지를 학교 근처 가까운 경찰서에 잘 모셔다 드린 후, 차로 돌아왔을 무렵이었다. 차 문고리에 현금이 끼워져 있었다. 당장은 보강 준비 때문에 경찰서로 돌아갈 수 없기에 일단 지갑에 넣어 두었다. 누군가 실수로 끼워 놓은 것이라고 생각하고 의아함을 접었다. 하지만 그 이후에도 며칠씩 차 문고리에 현금이 끼워져 있었다. 누가 고의로 그런 거니 생각하고 다음을 기다려 보았다. 누가 의도적으로 내 문고리에 현금을 끼워 넣으면 기다렸다가 되돌려 줄 생각이었다. 하지만 그 누군가와 나와의 타이밍은 좀처럼 맞지 않았다.

  계속해서 학교 근처에 차를 세워 놓을 때마다 그 누군가는 차 문고리에 잘도 돈을 끼워 넣고 갔다. 급기야 어느 날은 찐만두도 놓고 갈 때가 있었다. 찐만두를 보았을 때는 괜스레 우리 할머니도 생각나 찝찝했다. 범인이 누군지 모르겠지만 딱히 화를 내고 싶진 않았다. 범인은 대범해진 것인지 계속해서 돈과 찐만두를 놓고 갔다. 반드시 내가 그 범인을 만나야겠다고 다짐했지만, 어림없었다.

이렇게 된 이상 계속해서 이 모든 것들을 내가 지닐 순 없었다. 범인을 기다리다 모인 돈만 20만 원이 훌쩍 넘었다. 찐만두도 받은 것만 해도 질릴 때까지 먹을 수 있을 것 같았다. 그리하여 또다시 할아버지를 모셔다 드렸던 경찰서를 재방문했다. 내 얼굴을 기억하는 것인지 할아버지를 담당했던 경찰관은 보자마자 아는 척을 해 주었다. 어렴풋이 기억나는 경찰관의 말로는, 그날 할아버지는 가족들이 데리러 와 잘 귀가하셨다고 했다. 가족들의 반응을 보아하니 한두 번 그랬던 것이 아닌 것 같다고도 했다.

다행히 날 기억해 주는 그 경찰관을 붙잡고 돈과 찐만두 봉투를 건네며 그간 있었던 일을 설명했다. 경찰관은 주변 CCTV를 확인한 뒤 연락을 주겠다고 했다. 나는 분실신고 접수를 확인한 뒤 경찰서를 나왔다. 그전에 범인을 잡으면 대화를 해 보고 싶단 당부도 전했다. 왠지 모르게 화를 낸다기보다 대화를 해 보고 싶었다. 모르는 누군가였지만.

오래 걸리지 않아 경찰서에서 연락이 왔다. 범인을 찾았다는 얘기였다. 경찰관은 경찰서에 방문하여 분실 신고했던 품목들을 직접 범인에게 전달해 줬으면 한다는 얘기를 전해 왔다. 의구심이 들었지만 경찰이 괜한 소리를 한다곤 생각지 않았다. 그렇게 강의를 마친 후 경찰서에 다시 한 번 방문하였고, 경찰관은 날 반기며 돈과 찐만두를 그대로 나에게 건넸다.

"범인이 할머니더라고요. 주소지랑 다 확보해 놨으니까 직접 돌려주세요. 알아보니까 치매이신 거 같더라고요. 한 번 뵙고 왔는데 혼자 사시고 손녀 차인 줄 알고 그렇게 놓고 가신 모양이에요. 차가 파란색이죠? 손녀 차가 파란색인 것만 알고 그러신 거 같아요. 커 버린 자식들보다도 손녀랑 각별한 사이였나 봐요. 손녀가 할머니 때문에 아픈 적이 있었는데 그게 너무 미안해서 그랬나 봐요. 그 손녀랑 자식들은 지금 모두 타지에 머무르는 것으로 확인되었는데 연락은 닿지 않았어요. 직접 전달해 드리는 게 나을 거 같아서 연락드렸어요. 뭔가 모르게 가슴이 찡하더라고요."

경찰관의 얘기를 들으니 순간 멍해졌다. 복잡미묘한 느낌이 온몸을 감싸고 돌았다. 손녀를 찾고 싶었다. 후회하지 않을 선택을 하게 해 주고 싶었다. 그 손녀가 이전의 나와 겹쳐 떠올랐기 때문이다. 경찰관에게 한 번만 더 손녀에게 연락을 해 보자고 요청했다. 계속해서도 닿지 않으면 그때 직접 가겠다고 일렀다. 한동안 접어 두었던 할머니에 대한 기억이 다시금 펼쳐져 올랐다.

끝끝내 손녀와 자식들은 연락이 닿지 않았다. 나중 후회할 손녀의 그림도 잠시나마 떠올랐다가 뭉개졌다. 경찰관도 그냥 내가 직접 전달해 주라 일렀다. 나는 경찰관한테서 할머니의 집 주소를 받아 들었다. 할머니의 집은 학교와 그리 멀지 않은 곳에 있었다. 차 안에서 곰곰이 생각을 정리했다. 할머니는 이미 치매 상태이고, 현재 기억의 조각이 얼마나 남아 있는지 어느 때에 머물러 있는지는 모르겠지만, 현재 기억의 조각을 깨고 싶진 않았다. 내가 생각하는 것이 미친 짓이라고 생각이 들어 헛웃음이 나기도 했다. 하지만 한 번쯤은 미친 척 해 봐도 되지 않을까. 한 번 더 헛웃음을 지으며 사이드 브레이크를 풀고 액셀을 힘껏 밟았다.

"할머니! 내가 너무 늦었지? 요새 너무 바빠서 정신이 없네. 아니, 뭐하고 계셨어?"

그랬다. 나는 이 할머니의 손녀가 되기로 했다. 혹, 진짜 손녀가 오기나 한다면, 그건 그때 가서 생각하기로 했다. 나에겐 지금 당장의 이 할머니의 아픔이 중요했기에. 할머니는 정말 손녀라고 생각한 듯 한달음에 달려 나왔다.

"어이구 내 새끼 인자 왔어? 나가 얼마나 찾았는디. 잘 왔어. 나가 준 건 잘 봤제? 할미가 미안혀. 인자 아프진 않어? 참말로 미안혀. 할미 맘 알제?"

할머니는 망설임 없이 나를 푹 안아 주었다. 할머니가 안아 주는 순간 구수한 내음이 내 콧속을 간질이다 달아났다. 그 내음을 맡자마자 나도 모르게 울컥함이 새어 나왔다. 나 또한 할머니를 붙잡고 그대로 흐느꼈다.

"할머니, 내가 너무 늦게 와서 미안해. 더 일찍 왔어야 했는데. 미안해

너무 미안해. 다 알지. 할머니 맘 다 알아. 누구 손녀딸인데. 괜찮아 다 알아."

할머니 집 안은 구수하고도 굉장히 따뜻했다. 부엌에 가신 할머니를 기다리며 둘러본 집안에는 손녀가 그간 받았던 상장들이 늘어져 있었다. 과학 글짓기대회 우수상, 체육 육상대회 1등상, 학급 부회장 임명장, 교내 영어 발표대회 최우수상 등. 이 손녀딸도 어린 시절의 추억 속 조각에 함께한 사람은 부모님이 아닌 할머니였으리라는 것을 알 수 있었다. 괜스레 내가 다 뿌듯했다. 그리고 진열된 상장들 속 활짝 웃고 있는 할머니와 어린아이의 사진이 눈에 띄었다. 아주 오래된 사진이라 희미했지만 둘의 웃음만큼은 매우 선명했다. 할머니와 손녀딸은 똑 닮아 아주 예뻤다.

할머니는 어김없이 찐만두를 내왔다. 지금 막 찐 것이라 김이 모락모락 나 꽤 먹음직스러웠다. 우리 할머니가 쪄 줬던 만두와 몹시 비슷한 모양이었다. 또다시 울렁거리는 무언가를 애써 꾹 눌렀다. 모락모락 피어오르던 김이 자취를 감추고 나서야 나는 한 입 먹을 수 있었다. 고소한 찐만두의 맛이 입안을 가득 채웠지만, 이 만두 또한 그 맛이 나진 않았다. 정말 그 어디에서도 그 맛을 절대 다시는 찾을 수 없단 생각에 가슴이 벅차올랐다. 자꾸만 올라오는 저릿한 무언가를 만두로 꾸역꾸역 삼켜 냈다.

"맞다, 할머니. 왜 내 차에 이런 걸 다 끼워 놨어? 내 차인지는 또 어떻게 알구. 나 돈 잘 벌어. 괜찮아. 이거 할머니가 다 써. 아니 할머니 용돈 해. 할머니 사고 싶은 거 먹고 싶은 거 다 사. 그렇게 해도 충분해."

꾸깃꾸깃하게 접힌, 그간 모은 돈을 할머니에게 돌려드렸다. 더하여 내가 좀 더 보탠 돈을 드리니 할머니는 준 걸 다시 돌려받을 수 없다고 했지만, 나의 지독한 매달림 끝에 마지못해 다시 받으셨다. 그 후 우리는 그렇게 한참을 못다 한 이야기를 풀어 나갔다. 물론 내가 할머니의 말에 장단을 맞춰 주는 게 대부분이었지만, 그저 나의 존재만으로도 저렇게 환하게 웃어 보이는 할머니를 보니 영락없는 어린아이 같아 멈출 수 없었다.

그 후 강의를 마친 내 발걸음이 향하는 곳은 할머니 집으로 정해졌다. 할머니는 여전히 날 손녀딸인 듯 매번 반겨 주었다. 나 또한 진짜 다시 우리 할머니가 생긴 것만 같아 덩달아 반가웠다. 이따금 내가 모르는 과거 얘기가 나올 때면 흠칫하기도 했지만, 그런대로 우린 괜찮았다. 하루는 할머니를 학교 뒤쪽에 있는 큰 공원으로 모시고 갔다. 공원 한편에 널찍한 들판이 자리하고 있었다. 우리 할머니 집 앞에 있던 들판처럼 수없이 펼쳐진 클로버들이 우리를 반겼다. 나도 모르게 할머니를 이끌고 네잎클로버를 찾기 시작했다. 할머니도 어린아이처럼 좋다며 네잎클로버를 찾기 시작했다. 좋으면서도 쓰렸다. 할머니는 얼마 안 가 다리가 욱신거린다며 주저앉았다. 마치 지난날 주저앉아 고개를 숙이고 있던 나처럼.

"아, 할머니! 주저앉으면 어떡해. 그렇게 주저앉아 버리면 그냥 그 정도의 사람이 되는 거야. 알아? 누구나 첨엔 참 열심히 해. 그런데 점점 찾다가 한 명씩 자기 합리화를 한다. 원래 네잎클로버는 사람들의 환상과 행복을 위해 그냥 만들어진 구실일 뿐이라고. 아님 두 잎 클로버를 합쳐 네잎클로버 흉내를 내기도 하고 자기는 행운을 찾은 사람인 걸 과시하기 위해서 그렇게 그것도 합리화를 하는 것이지. 그렇게 하면 저들은 딱 거기까지인 사람이 되는 거야. 끝까지 찾아낸 사람이랑 못 찾고 합리화하는 사람이랑 다른 거지."

할머니는 정말 어린 시절의 나와 같아 웃음이 새어 나왔다. 들은 체 만 체하면서 온몸으로 힘들다는 티를 내고 있었다. 그런 할머니를 이끌고 다시 내려왔다. 할머니와 같이 시장으로 장을 보러 갈 때면, 상인들은 모두 할머니와 나를 틀림없는 할머니와 손녀딸로 알았다. 그럴 때면, 할머니는 "우리 손녀딸 참 예쁘쟈?" 하며 맘껏 자랑을 했다. 나도 그렇게 우리 할머니에게 깃든 아픔을 조금이나마 승화시킬 수 있었다.

오래간만에 우리 할머니 산소를 찾았다. 우리 할머니 산소에는 전보다 무성하게 자란 나무가 나를 반겼다. 할머니가 그렇게 간 후 가족 중 그 누구보다 꾸준히 할머니를 찾았다. 매번 와서 할머니에게 용서를 빌었다. 닿지 않을 수도 있지만, 우리 할머니는 분명 듣고 있을 것이었다.

수국 한 송이를 나무 앞에 가지런히 놓았다. 나무에는 다양한 우리 할머니의 모습이 담긴 사진들이 살랑살랑 부는 바람에 일렁이고 있었다.

그곳에 있는 할머니를 향해 나 또한 한껏 웃어 보였다. 사진 속 할머니도 매우 환하게 웃어 보이고 있었다. 아주 고운 우리 할머니. 오랜 시간이 지나도 그대로인 할머니는 매우 고왔다.

"할미. 내가 요즘 뜸했지? 나한테 또 다른 할미가 생겼다. 할머니랑 똑같이 찐만두도 해 줘. 근데 할머니가 해 줬던 그 맛은 아니더라. 이 할머니도 치매를 앓으셔. 날 진짜 손녀딸이라 생각하더라고. 할머니도 생각나고 난 아주 좋아. 우리 할머니한테 진작 이렇게 해야 했는데. 그치? 그런데 할머니한테 생긴 죄책감이 약간은 덜어지는 거 같아서 덜 아픈 거 같아서 좋아. 우리 할머니가 다 보고 있겠지? 여전히 할머니한테는 매일 미안해. 아직도 많이 후회해. 그렇지만 할머니, 우리 네잎클로버 알지? 말 못했는데 나도 할머니가 나한테 네잎클로버야. 우리 계속 서로가 네잎클로버 하자. 우리가 찾은 네잎클로버처럼 길고 긴 시간 끝에 서로를 마주하는 거야. 그때 마주한 우리는 더할 것도 없이 행운과 행복이 가득한 거잖아. 합리화해서 만든 가짜 행운, 행복이 아니라 결국 찾아낸 행운과 행복. 그 끝에서 다시 만날 때까지 기다려 줘. 사랑해! 할머니."

어김없이 울렁거리는 울컥함을 참지 못하고 두 뺨에 흐르는 무언가를 내보냈지만, 머금은 미소만은 놓치지 않았다. 한동안 그렇게 가만히 할머니와 마주하고 있다가 항상 왼쪽 주머니에 자리하고 있던 지갑을 꺼냈다. 열어 본 지갑 속 왼쪽 한편에는 이미 시든 지도 오래돼 변색된 네잎클로버 두 개가 꽂혀 있었다. 나는 그중 하나를 조심스레 꺼내어 나무에 달린 할머니 사진에 같이 꽂아 두었다. 선하게 웃고 있는 할머니 미소 옆엔 네잎클로버가 함께 자리하고 있었다.

　우리 할머니, 내 이야기는 오로지 우리 할머니였다. 쓰고 또 써 보고, 말하고 또 말해 보고, 보고 또 봐도 익숙해지지 않는, 무뎌지지 않는 그런 나의 이야기였다. 모든 날의 내가 흘려보내고 묻어 둔 눈물은 꼭 다시 그 날에 있는 듯 언제나 뜨거웠다. 그 끝에서 결국 다시 만날 할머니를 위해 나는 오늘도 네잎클로버를 꼭 쥐고 한 걸음 한 걸음 나아간다.

내게 남은 마지막 하루

- 제5회 장려상 수상작

천정은

저는 세 아이를 키우는 육아맘이자 18년 차 간호사입니다.

우리는 누구나 아픈 기억들을 안고 살아갑니다. 저 역시도 아프고 힘든 시간들을 겪으면서 삶에 대해 진지하게 고민했습니다. 어떻게 살아야 할까? 새벽 5시 찬물로 세수를 하면서 독서와 글쓰기를 꾸준히 했습니다. 그 결과 책 2권을 출간했고, 이번에 디멘시아 문학상 장려상의 영광을 안게 되었습니다. 누군가에게 보여 주는 삶보단 나 자신을 위해 사는 삶이 행복함을 알고 있기에 저는 오늘도 열심히 노력 중입니다.

간호사로서 복지관 치매센터에서 근무를 하면서 자신의 현재 모습도, 과거의 기억도 알지 못하는 어르신들을 보면서 가슴이 아팠습니다. "인생 별거 아니야."라는 치매 어르신의 말 한마디를 통해 저는 인생을 다시 살펴볼 수 있게 되었습니다. 센터에서 만나는 어르신들은 한때는 잘나가던 사람들이었고 최고인 사람들이었습니다. 우리는 아무도 앞날을 알 수 없습니다. 그러기에 더욱더 오늘 하루를 마지막인 것처럼 살아야 합니다.

제가 쓴 글을 뽑아 주셔서 정말 감사합니다. 앞으로 한 걸음씩 성장하는 사람이 되겠습니다. 무엇보다 '디멘시아 문학상'을 통해 글쓰기에 더욱더 자신감을 얻게 되었습니다. 이번 수상을 계기로 과거의 저의 소심하고 자신감 없던 시간들을 뒤로하고 조금은 당당한 사람이 되도록 하겠습니다. 감사합니다.

1. 경아 씨의 부지런한 하루

아침 일찍 센터에 가장 먼저 오는 이는 경아 씨다. 센터로 들어오기 위해서는 출입문 두 개의 비밀번호를 눌러야 한다. 나는 신발장에 신발을 갈아 신으면서 벌써 센터에 와 있을 경아 씨를 생각한다.

여기 처음 근무하는 날, 나는 경아 씨의 외모를 보며 놀랐다. 키가 170쯤 돼 보이고, 머리는 세팅 파마에 몸매 또한 날씬했다. 젊은 외모에 출중한 미모 덕분인지 첫날 경아 씨에게 뭐라 말을 걸기가 어려웠다. 혈압을 재기 위해 경아 씨에게 다가갔을 때, 먼저 밝게 웃으며 "새로 오신 간호사인가 봐요?"라고 반갑게 맞아 주기 전까진 말이다.

경아 씨와 조금 친해질 때쯤, 경아 씨의 가정사를 남동생에게 들을 기회가 있었다. 경아 씨는 현재 남동생 집에 살고 있다고 했다. 한마디로 올케네 집에 같이 사는 거였다. 누구나 아픈 과거를 가슴에 짊어지고 살아간다. 누나를 닮은 남동생 역시 중년의 아저씨라고 하기엔 훤칠한 키에 외모가 뛰어났다. 남동생은 센터에 있는 누나의 모습을 보면서 씁쓸한 미소를 지었다.

"우리 누나는 과거가 화려한 사람이었어요."

남동생의 말로 매형은 자신이 일군 회사의 CEO로 한때 아주 잘나가는 사람이었다고 한다. 누나는 사모님 소리를 들으며, 골프에 테니스에 못하는 운동이 없었단다. 지금의 몸매를 유지하게 된 것도 과거에 하루도 쉬지 않고 수영을 했기 때문이란다. 사모님이라는 호칭에 걸맞게 자신의 이미지를 가꿔야 한다면서 말이다. 요리 학원 다니면서 요리도 배우고, 취미로 미술까지 공부했다고 한다. 주위 사람들은 "도대체 못하는 게 뭐예요?"라고 물었지만, 경아 씨의 욕심은 여기가 끝이 아니었다. 남편과의 수준을 맞추기 위해 육아를 하면서 뒤늦게 대학원에도 진학했단다. 대학원 졸업을 하던 날, 학사모를 쓰고 활짝 웃으며 자신의 미래가 탄탄대로라 생각하며, 이후의 인생도 생각한 대로 모든 퍼즐이 다 맞춰질 거라 생각했을 거다.

늘 밝은 미래일 거 같았던 경아 씨에게 인생의 큰 아픔이 다가왔다. 바로 IMF가 터진 것이다. 잘되는가 싶던 남편의 사업이 IMF로 인해 큰 타격을 받았고, 큰 스트레스를 받았던 남편이 어느 날 회사에서 쓰러진 것이다. 여느 날처럼 회사로 출근한 남편은 심장마비로 손쓸 수도 없이 저세상으로 떠났다. 119가 도착하고 심장마사지를 하면서 병원으로 갔지만 때는 이미 늦었다. 그 소식을 듣고 병원에 갔을 때, 경아 씨는 넋이 나가 아무 말도 하지 못했다. 자기 곁에 영원히 있어 줄 거라 약속한 신랑이 심장마비라니…. 여기까지 오기 위해 밤낮 가리지 않고 회사를 일군 사람인데, 늘 웃으며 직원들 먼저 챙긴 사장이었고, 사업으로 늦게 귀가할 때는 미안한 마음에 편의점에 들러 경아 씨가 좋아하는 야식을 사 들고 온 자상한 남편이었는데…. 그뿐인가? 바쁜 와중에도 딸아이를 위해 휴가를 내어 놀이동산에서 밤늦게까지 놀아 준 재미있는 아빠였는데….

경아 씨는 그 자리에서 넋을 잃고 쓰러졌다. 몇 년의 세월이 흘렀어도 경아 씨는 믿을 수가 없다. 지금까지 온 시간들, 내 곁에 있어 준 사람, 영원할 것 같은 순간들을 말이다. 하루하루가 지옥 같았다. 삶이 한순간에 바뀌었다. 아침에 눈을 뜰 수가 없었다. 그냥 이대로 죽기를 바랐다. 하지만, 사랑하는 딸아이를 보면서 경아 씨는 마음을 추슬렀다. 하루 종일 울고만 있을 수도 없었다. 그렇게 경아 씨는 딸아이를 위해 이를 악물며 살았다. 딸아이 결혼식 때까지만 살아야겠다고 말이다. 딸아이가 스튜어디스가 되고 싶다고 말한 어느 날, 경아 씨는 딸아이의 꿈을 위해 열심히 뒷바라지를 시작했다. 가슴 아픈 상처를 가슴 한구석에 남겨 둔 채 말이다.

드디어 경아 씨의 딸이 스튜어디스에 최종 합격한 날, 경아 씨는 울며 하늘에 있을 남편에게 이야기한다.

"여보! 고마워요. 당신이 사무치게 그립네요."

그리고 경아 씨는 딸에게 이렇게 이야기한다.

"딸아! 세상을 살다 보면 좋은 것만 있을 순 없어. 직장 생활하다가 너무 힘들더라도 잘 견디렴. 강하게 살아야 한다."

경아 씨의 딸은 서울의 원룸에 자리를 잡고 첫 직장으로 출근했다. 이제 남은 건 경아 씨 혼자뿐이다. 하루 이틀 갈수록 기억력은 쇠퇴해 가고 인지 기능이 떨어져 가는 경아 씨다. 더 이상 혼자 두기엔 의식주 해결이 되지 않는 지경에 이르렀다. 화장실에서 세수를 하고 물을 잠그지 않고 나온다. 밥통이 어디에 있는지, 쌀에 물을 얼마나 넣어야 하는지, 옷장은 어디에 있는지, 옷을 왜 갈아입어야 하는지를 잊어버렸다. 남동생은 그런 누나를 더 이상 혼자 둘 수가 없었다. 그렇게 부산 동생네 집으로 내려온 경아 씨는 모든 게 낯설었다.

올케와 남동생 집에서 경아 씨가 할 줄 아는 거라곤 아무것도 없었다. 누군가가 밥을 차려 줘야 했고 텔레비전을 보며 멍하니 방에서 하루를 보낸다. 밖을 나가고 싶지만 엘리베이터 타기가 무섭다. 자신이 몇 층에서 사는지, 몇 호인지 알 수가 없다. 올케에게 몇 마디 말을 해 보지만, 대화가 되질 않는다. 생활비를 벌기 위해 바쁘게 살아야 하는 올케에게 경아 씨는 더 이상 말을 붙이기가 어렵다. 사실 남동생도 몇 달 전 회사를 관두고 다른 일자리를 알아보고 있는 중이다. 아침 일찍부터 밤늦게까지 일하는 올케를 보면서 경아 씨는 눈치만 본다.

며칠 후 남동생과 올케는 경아 씨를 데리고 복지관 소속 노인요양센터로 왔다. 하루 종일 혼자 있으니, 돈이 들더라도 이곳에 보내는 게 더 나을 거란 생각 때문이었다. 그렇게 경아 씨는 이곳에 오게 되었고, 센터의 시간표대로 잘 따라왔다. 아침 8시 30분부터 등원을 하는 게 원칙이지만 경아 씨는 그럴 수가 없다. 올케와 동생이 일하러 새벽 일찍 나가 밤늦게 들어와야 했기 때문이다. 우리는 경아 씨 집으로 새벽에 데리러 가고 가장 늦은 시간에 모셔다 드린다. 경아 씨는 집 밖에 나오는 것도 집 안에 들어가는 것도 모른다. 차를 지하에 대고 같이 경아 씨의 손을 잡고 엘리베이터를 탄다.

"경아 씨 집이 몇 층이죠?"
"저희 집 몰라요. 15층인가? 18층일 거예요."
사실 경아 씨 집은 20층이다. 경아 씨는 치매를 진단받았다.

내가 출근할 때쯤 경아 씨는 책상 위에 무언가에 열중하는 모습이다. 내가 "안녕하세요?"라고 반갑게 인사를 하면 경아 씨는 나에게 달려와 "예쁜 언니 왔네."라고 말한다. 사실 여기서 일하면서부터 나는 일부러 오버하고 장난도 잘 친다. 내가 지금껏 살아왔던 환경과는 너무 달랐다. 병원에서는 출근과 동시에 분주히 일해야 했기에 그 누구와도 눈 마주치며 이야기할 수가 없었다. 반면, 이곳에서는 여유롭게 인사하며 반가움을 몇 번이곤 나타낸다. 예쁜 언니라는 말에 나는 웃으며, "예쁜 경아 언니는 지금 무얼 하고 계세요?"라고 물어보면 수줍게 대답한다. "동화책을 똑같이 필사하는 중인데 글씨가 안 예뻐요."라며 쑥스러운 표정을 짓는다. 책상에 놓인 노트를 보며 나는 한껏 오버하며 이야기한다.

"어머머, 글씨를 너무 잘 썼네. 한눈에 알아볼 수 있을 만큼 큼직한 글씨와 칸에 딱 맞게 써 놓은 사람은 경아 씨밖에 없을 거예요."

수줍게 웃는 경아 씨는 한껏 자신감에 올라 말한다.

"다음 페이지도 적어 볼게요."

그러면 나는 커피 두 잔을 타 와서 경아 씨 앞에 앉아서 묻는다.

"오늘 적은 내용은 뭐에요?"

"아…, 제목 말하는 거예요? 백설 공주라고 적혀 있네요."

글자를 아주 잘 읽는 경아 씨다. 내용을 물어보면 얼버무리며 글자에만 열중한다. 오늘의 하루를 경아 씨는 필사로 시작한다. 다만 내용은 잘 모르지만 말이다. 내가 백설 공주에 나오는 등장인물을 말하자 경아 씨는 기억이 난 듯 대답했다.

"일곱 난쟁이, 사과, 마녀…, 기억나요."

어릴 적 읽었을 동화 내용을 어렴풋이 기억해 낸다. 어쩌면 그 누구보다도 더 똑똑했을 과거의 기억을 하나씩 끄집어내며 경아 씨는 수줍게 미소를 짓는다. 7시 30분에 센터에 도착해서 경아 씨는 다른 사람들이 올 때까지 필사도 하고 색칠 공부도 한다. 늘 활짝 웃으며 반겨 준 경아 씨에게 나는 고맙다.

9시 정도가 되면 어르신들을 모시고 차량이 들어온다. 경아 씨는 나이에 비해 몸이 건강하다. 걷는 것도 달리기도 무척 잘한다. 다른 어르신들이 넘어지기라도 할까 봐, 자신의 손을 내밀며 꼭 잡고 들어간다. 뿐만 아니라, 화장실을 찾지 못하는 어르신에게 늘 손과 발이 되어 준다. 연세 드신 어르신을 위해 물을 갖다 드리고, 신발도 갈아 신겨 준다. 다만, 순간순간 기억을 하지 못해서 당황하며 안절부절못할 때도 있지만 말이다.

한번은 어르신 한 분이 경아 씨에게 부탁을 했다.

"경아 씨, 물 좀 갖다 주세요."

"네, 제가 가져다 드릴게요."

경아 씨는 평소처럼 컵에 물을 따랐다. 그리고 돌아서서는 물을 찾지 않는 어르신 앞에 가져다 드렸다. 그 순간을 잊어버린 것이다. 물을 찾았던 어르신은 왜 물을 안 주냐며 경아 씨에게 언성을 높였다. 경아 씨는 순간 당황했다.

"아…, 물 갖다 달라고 했었죠?"

물을 따르기는 했지만, 많은 사람들 중에 누가 자신에게 말을 했는지 모른다. 경아 씨는 순간의 기억을 하지 못한다. 그러면서도 늘 웃으며 "제가 물 가져다 드릴게요."라며 컵에 물을 따른다.

한번은 경아 씨에게 전화가 걸려왔다. 경아 씨는 "여보세요?"라고 말하며. "응…, 응…, 응."이라고만 대답했다.

"글쎄…, 기억이… 안 나."

그 뒤로 말이 없다. 전화를 끊고 나서 물었다.

"경아 씨, 누구한테 전화가 왔어요?"

경아 씨는 자신의 초등학교 동창이라며 선희라는 친구라는 것이다. 경아 씨는 선희라는 이름을 되새기며 기억이 안 난다고만 말했다. 상대방은 반가운 마음에 이것저것 추억을 꺼냈지만, 경아 씨는 기억이 날 듯 말 듯 "응…, 응."이라고밖에 말하지 못한 자신을 탓하며 나지막하게 혼잣말을 했다.

"도대체 누구지?"

과거 추억의 한 페이지가 사라졌을 생각에 마음이 아팠다. 경아 씨의 친구도 지금의 경아 씨의 상태를 알까? 전화를 끊고 경아 씨의 친구가 섭섭해하지 않았기를 바란다. 경아 씨를 이해해 주기를….

유일하게 경아 씨는 딸 목소리를 생생하게 기억한다. 일주일에 한 번씩 걸려 오는 딸 전화를 반갑게 응대한다. 그리고 전화를 끊고 대한항공 스튜어디스인 딸 자랑을 늘어놓는다.

"얼굴도 예쁘겠어요?"

"그렇죠. 엄청 예뻐요."

경아 씨가 환하게 웃으며 대답한다. 스튜어디스라는 이름만 들어도 멋진 직업이라는 생각이 든다. 가끔씩 경아 씨는 딸과의 추억, 자신이 했던 운동들을 이야기한다. 과거의 소중한 추억을 말이다. 딸아이를 끝까지 책임져야 했던 경아 씨의 지난 세월이 얼마나 힘들었을까. 살기 싫었던 날들도 엄마라는 이름으로 굳건하게 지켜 냈던 세월을 말이다. 딸아이가 독립을 했을 때 경아 씨는 치매 전조 증상이 나타났다. 기억력이 점점 희미해졌고, 말수도 급격히 줄었다. 딸아이를 위해 딸이 독립할 때까지 힘든 삶을 버텼을 경아 씨의 강한 정신력이 느껴졌다.

경아 씨의 하루하루가 조금은 즐거웠으면 좋겠다. 아침저녁 식사를 복지관에서 하다 보니 경아 씨는 내가 약을 챙겨 준다. 약을 먹으면서도 무엇 때문에 약을 먹느냐고 물어본다. 머리에 좋은 영양제라고 말해 보지만, 경아 씨는 알지 못한다. 자신의 인지 기능이 점점 더 떨어진다는 사실을 말이다. 늘 같은 위치에 있는 물건도 경아 씨는 잘 찾지를 못한다. 화장실에 늘 있던 수건도 찾지 못해서 화장지로 닦으며 나온다. 수건이 없다면서 말이다. 지금의 상태에서 더 이상 악화하지 않기를 바래 본다. 경아 씨의 기억 속에 많은 추억이 지워지지 않기를 말이다. 오늘도 경아 씨는 약을 먹으며 웃는다. 이 약을 먹고 얼마나 더 똑똑해지라고 주는 거냐고 말이다. 경아 씨는 오늘도 마지막으로 차를 타고 집에 간다. 창문 밖을 보며 말이 없다.

경아 씨의 하루는 어땠을까?
경아 씨는 어떤 생각을 하고 있을까?
경아 씨는 누가 보고 싶을까?
묻고 싶지만, 나는 조용히 입을 다문다.
많은 추억에 잠겨 있을 경아 씨를 위해서….

2. 주성 씨의 추억에 잠긴 하루

주성 씨를 처음 만난 건 내가 이곳에 온 지 3개월 정도 됐을 때였다. 아들 손을 잡고 낯선 표정으로 들어오며 주성 씨는 당황하는 기색이었다.
"이곳이 뭐하는 곳인데?"

이곳 평균연령이 80대라면 주성 씨는 60대 후반 정도 되어 보였다. 정확한 나이를 알고 난 후, 주성 씨에게 어르신이라는 표현보단 오빠라는 표현이 더 어울렸다. 이곳 선생님들의 나이가 50대 후반이니깐 오빠라는 말이 더 어울릴 법했다.

보호자와 이야기를 나누면서 주성 씨의 과거를 알 수 있었다. 수자원공사에서 공무원으로 근무했던 주성 씨는 착실한 가장이자 아빠였다. 착실하게 번 돈으로 아파트도 사고 땅도 샀다. 큰아들 장가갈 때 집까지 해 줄 정도로 능력 있는 아빠였단다. 무엇 하나 모르는 것 없는 똑똑한 주성 씨는 직장에서 퇴직할 때까지 이름을 날렸단다. 직장에서 받은 상장과 각종 트로피는 지금도 거실 한쪽을 차지하고 있다고 했다.

그런 주성 씨는 퇴직 후 아내가 갑자기 세상을 떠나면서 술로 하루하루를 살았단다. 자신이 가장 사랑하는 아내가 저세상으로 가면서 주성 씨는 살아갈 힘을 잃었다. 하루라도 술이 없으면 견딜 수 없는 시간들이었다. 3년 넘게 술과 친구가 되면서 주성 씨의 치매가 시작되었다. 알코올성 치매가 생기기 시작한 것이다. 어느 순간부터 뭘 물어보면 같은 대답만 한다는 것이다.

"몰라. 아무것도 몰라…."

주성 씨가 이곳에 잘 적응하기 위해 우리는 주성 씨의 손을 잡아 주었다. 주성 씨의 소개 시간이 되자, 주성 씨는 쑥스럽다는 듯이 앞으로 나갔다. 사람들이 이름을 묻자 주성 씨가 대답했다.

"제 이름은 몰라요. 그냥 아저씨라고 부르세요."

"띠가 무슨 띠에요?"
"띠는 허리띠요."
"고향은 어디세요?"
"엄마 뱃속이요."

사람들이 웃음을 터트렸다. 그뿐 아니라, 주성 씨는 무슨 수업이든 소극적이었다. 아니 모른다고만 했다. 글자를 읽어 보라고 해도, 숫자를 읽어 보라고 해도 무조건 모른다고만 했다. 자신이 사는 아파트 이름도 모르고, 자신은 할 줄 아는 게 없다고 했다. 나는 그런 주성 씨에게 다가가기 위해 노력했다. 한번은 주성 씨에게 도움을 청했다.

"일이 너무 많아서 그러는데, 이것 좀 가위로 오려 줄 수 있을까요? 저 혼자 하기엔 너무 벅차서요."

주성 씨는 처음엔 머뭇거리며 가위질을 못한다고 했다. 그러다가 나의 절실한 눈빛을 보더니 어쩔 수 없다는 듯이 가위질을 시작했다. 얼마나 잘 오리는지 그때 나는 주성 씨가 입버릇처럼 모른다고 하는 건 사실 습관적인 말버릇이라는 걸 알았다. 어느 날에는 사자성어 이야기를 하면서 내가 잘 모르겠다며 머뭇거리자, 주성 씨는 이런 뜻이라며 그 의미를 정확히 맞췄다. 주성 씨가 모른다는 건 일종의 겸손함이 아닐까? 또 주성 씨는 모든 어르신에게 이렇게 인사한다.

"복 많이 받으십시오. 건강하게 오래 사십시오."

어쩌면 자신의 아픔을 그들에게 들키지 않기 위해 늘 밝은 척 말을 하는 게 아닐까? 주성 씨는 자신보다 연세 드신 어르신들에게 늘 손을 내민다. 잘 걷지 못하는 어르신을 부축하기도 하고, 간식이 나오면 늘 연장

자를 먼저 챙긴다. 과거에 주성 씨는 정말 예의 바른 분이었을 거라 생각했다.

며칠 전에는 주성 씨가 나의 가슴을 뚫어져라 쳐다보는 것이었다. 내가 한 달에 한 번 건강 교실 수업을 하는데, 내 눈을 보는 게 아니라 가슴을 보니 당황스러웠다.

"왜 제 가슴을 빤히 쳐다보세요?"

주성 씨가 웃으며 쑥스럽게 대답한다.

"미안해요. 일부러 보려고 한 게 아니고, 간호사님 옷에 영어가 적혀 있어서 그걸 읽느라고요."

괜한 오해를 한 것 같아 겸연쩍어 주성 씨에게 빙긋이 미소를 지으며 물었다.

"뭐라고 적혀 있나요?"

"You are a beautiful person."

주성 씨는 정확하게 말했다. 발음까지도 유창해서 깜짝 놀랐다. 내가 웃으면서 앞으로 영어 적힌 옷만 입고 다니겠다고 했더니, 주성 씨는 씩 웃으며 말한다.

"그럼 간호사님 가슴만 쳐다보고 있어야겠는데요?"

치매 환자라고 하기엔 농담도 재치도 뛰어났다.

주성 씨는 자신의 과거 이야기를 해 달라고 하면 웃으면서 과거보다 현재를 잘 살아야 한다고 말한다. 한 번씩 내 고민 상담까지 해 주는 고마운 분이다. 어느 날, 나는 주성 씨에게 내 고민을 털어놓았다. 하고 싶은 건 많은데 무얼 해야 할지 모르겠다고 말이다. 내가 하고 싶은 게 뭔지 정확히 모르겠다고 했다. 주성 씨는 내 말을 심각하게 듣더니 무심하게 말했다.

"열심히 살다 보면 기회가 오지 않겠어요?"

그 누구도 나에게 해 주지 못한 말을 주성 씨는 서슴없이 해 줬다. 이것저것 재지 말고 무슨 일이든 열심히 해 보라며 준비된 자에게 기회는 올 거라고 했다. 그래서인지 그때부터 주성 씨의 이야기를 책으로 쓰고 싶어졌다. 열심히 책으로 쓰다 보면 어느 날 출간할 날이 올 거라 생각하면서 말이다.

주성 씨는 아들과 며느리와 함께 살고 있다. 손자 손녀도 3명이라서 집에 가면 정신이 없단다. 집에 가서도 손자들과 놀아 줘야 해서 하루가 금방 간다며 웃었다. 그런데 손자들이 늘 할아버지 옆에 오는 건 아니란다. 그래서 방에 혼자 있을 때가 더 많다며 쓸쓸한 미소를 지었다. 잠시 바깥바람이라도 쐬라고 했더니 자신은 길치라서 안 된다며 웃는다. 사실 주성 씨는 가끔 한 번씩 길을 못 찾아서 헤맨다. 다른 어르신과 달리 주성 씨는 아침에 혼자서 엘리베이터를 타고 주차장으로 내려온다. 우리는 주성 씨를 지하 주차장에서 기다린다. 몇 번의 연습 후에 주성 씨는 지하 주차장까지 오는 방법을 터득했다. 그런 어느 날, 주성 씨를 지하 주차장에서 기다리는데 주성 씨가 보이질 않는다. 주성 씨를 찾기 위해 이곳저곳을 헤매다가 1층에서 멍하니 서 있는 주성 씨를 보았다.

"주성 씨, 지하에서 만나기로 했잖아요?"

"여기가 지하가 아니에요?"

주성 씨는 분명히 지하 1층을 눌렀는데, 왜 이곳이 나왔냐며 당황스러워했다. 아마도 같이 탄 사람이 1층에서 내리자 주성 씨도 따라서 내린 듯 보였다. 지남력이 많이 떨어지는 주성 씨는 지금 이곳이 어디인 줄도 모른다. 그렇게 주성 씨를 찾고 나서야 나는 웃으며 말했다.

"지하랑 1층이랑 잘 기억하세요."

주성 씨는 이곳이 저곳 같고, 저곳이 이곳 같고 다 비슷비슷하다며 웃었다. 다 똑같이 생겨서 뭐가 뭔지 모르겠다고 말이다. 아파트에 사는 게 좋은 게 아니라며 차를 타고 가는 내내 도시 생활이 힘겹다고 했다. 도로마다 차로 가득 차고 똑같은 아파트에 사는 사람들, 우리나라 환경이 걱정된다며 말이다.

한 번도 생각해 보지 못한 문제점을 주성 씨는 술술 풀어내고 있다. 자신은 퇴직 후 시골에 사는 게 꿈이었는데, 그 꿈조차 이루지 못했다며 씁쓸하게 웃었다. 우리 복지관 뒤 텃밭에는 상추, 오이, 포도, 깨를 심었다. 한 번씩 텃밭에서 나에게 이것저것 설명해 주는 주성 씨를 보면, 자신이 살고 싶었던 시골 냄새를 여기에서만이라도 느꼈으면 좋겠다고 생각한다.

센터에서 아침마다 혈압을 재면 주성 씨는 웃으며 묻는다.

"언제 죽을까요? 알 수 있나요?"

나도 웃으며 말하지만, 주성 씨의 가슴에도 아픈 구멍이 있다는 생각에 마음이 쓰였다. 어느 날 주성 씨는 점심시간에 멍하니 창문을 바라보고 있었다. 보통 점심시간에 물리치료를 하거나 운동을 하지만, 주성 씨는 의자에서 쉬고 싶다고 했다. 그날은 여느 날과 달리 비가 많이 왔다. 멀리서 물리치료를 하면서 주성 씨를 보니, 지갑에서 무언가를 꺼내 보고 있었다. 궁금해서 물었더니 애인 사진이라고 했다. 애인이 있냐고 물었더니, 애인 있으면 안 된다며 땅속에 있는 마누라가 달려올지도 모른다며 웃었다. 그러면 누구냐고 물어봤더니 가족사진이라며 보여 줬다. 주성 씨와 부인, 아들, 딸 4명이 찍은 단란한 가족사진이었다. 주성 씨는 지금까지도 몇십 년 전 사진을 지갑에 넣고 다녔다. 어쩌면 일생 잊을 수 없는 자신만의 추억을 말이다. 오늘은 비가 와서 더 생각이 나냐고 묻자, 소주에 파전이 더 생각난다며 대답을 회피했다. 그날따라 주성 씨는 보고 싶은 사람이 생각났던 게 아닐까?

우리 센터는 분기마다 야외 나들이를 간다. 직원 한 명당 환자 한 명씩 짝이 된다. 한번은 주성 씨와 내가 짝꿍이 되었다. 나는 주성 씨에게 길을 잃으면 안 되니 내 손을 잡고 다녀야 한다고 했다. 주성 씨는 간호사님 남편한테 두들겨 맞는다며 손을 안 잡겠다고 했다. 남편이 알면 안 좋아할 거라면서 말이다. 나는 괜찮다고 억지로 손을 잡았지만 주성 씨는 쑥스러운지 아니라며 뒤에서 잘 따라가겠다고 말했다. 그날은 식물원 구경을 하며 즐겁게 시간을 보내는 중이었다. 주성 씨는 화장실을 가고 싶다며 잠깐 갔다 오겠다고 했다. 나는 주성 씨에게 화장실 앞에 서 있을 테니 다녀오라고 말했다. 몇 분 정도 기다리는데 다른 분이 목이 마르다며 물 좀 달라고 했다. 마침 사무실에 정수기가 있을 거라는 생각에 물을 떠서 가져다 주고, 화장실에서 주성 씨가 나왔을 생각에 부랴부랴 화장실 앞으로 달려갔다. 예상보다 오랜 시간이 지났는데 주성 씨가 나오질 않았다. 순간 나는 '뭐지?'라는 생각에 나도 모르게 남자 화장실로 들어갔다. 주성 씨를 외치며 찾아봤지만, 주성 씨는 보이지 않았다. 순간 화장실에서 볼 일을 본 많은 남자들이 나를 이상한 사람인 양 쳐다봤다. 나는 주성 씨를 외치며 부랴부랴 뛰었다. 식은땀이 나며 당황스러웠다.

5분가량의 시간이 흘렀을 때쯤 주성 씨는 화장실의 뒤쪽에서 서 있었다. 알고 보니 화장실 앞문, 뒷문이 있었던 거였다. 사람들 틈에 서 있는 주성 씨를 보며 말했다.

"얼마나 찾은 줄 알아요?"

"간호사님은 내가 그렇게 보고 싶었어요?"

그 순간에도 농담을 하는 주성 씨를 보며 한숨을 돌릴 수 있었다. 주성 씨는 그날 간식 먹는 시간에 본인 배도 고플 텐데 나를 먼저 챙겨 주었다. 오늘 자신 때문에 힘들었을 텐데 나 먼저 먹으라고 하며, 그다음에 자신이 먹겠다고 했다. 저녁에 집에 와서 생각했다.

'늘 집에서는 내가 뒷전인데…'

나보고 먼저 먹으라며 챙겨 주는 주성 씨를 보며 그날은 웃으며 일기를 썼다. 자신은 나중에 먹을 테니 많이 먹고 힘내라며…, 어쩌면 주성 씨는 나의 마음을 알고 있을지도 모른다. 다만 모른 척할 뿐이지.

주성 씨가 핸드폰이 생긴 후부터는 가끔씩 전화벨이 울린다. 사실 주성 씨도 과거에는 휴대폰이 있었는데 퇴직 후 필요가 없어서 아들을 줬다고 했다. 아들은 주성 씨가 술로 살면서 휴대폰이 있어도 받지 않았다고 했다. 다시 주성 씨의 손에 휴대폰이 왔을 때 주성 씨는 옛 기억을 되새기며 핸드폰의 전화번호부를 살펴봤다. 전화번호부를 보면서 직장에서 같이 일했던 직원들이라며 몇몇 이름을 읽었다. 며칠 후 주성 씨의 휴대폰 소리가 울리며 전화를 받는다.

"안녕하세요? 잘 지내시죠? 네, 나는 잘 지내고 있어요. 복 많이 받으시고요. ……, 그래요. 언제 얼굴 한번 봐요."

간단히 말하고 끊는다.

"누구에요?"

전화가 끝나고 내가 묻자 직장 동료였다면서, 그 친구가 일을 참 잘했다며 칭찬을 했다.

"이젠 동료와 만나서 소주 한잔 해야죠?"

나의 물음에 주성 씨는 잠시 머뭇거리더니 이렇게 말했다.

"나도 소주 먹고 싶죠. 내가 집에 들어가면 못 나와서 그렇죠. 어디가 어딘지 알 수가 있어야죠."

보고 싶은 동료를 볼 수가 없다. 주성 씨는 잠시 얼굴에 그늘이 돌더니 이내 전화를 주머니에 넣는다. 동료는 주성 씨의 상태를 알까? 아마도 멋진 과장님으로 퇴직한 모습만을 기억하고 있을지도 모를 일이다. 주성 씨는 동료와 함께한 추억을 되새기며 그날 아무 말도 하지 않았다. 한때는 조직을 이끄는 과장님이었는데, 지금은 아련한 추억만을 간직하고 있다.

주성 씨의 전화벨 소리는 며칠에 한 번씩 울렸다. 늘 전화를 받으며 밝게 인사를 했고, 끝인사는 복 많이 받으시라고 말한다. 내가 대신 이야기해 주고 싶었다.

　지금 주성 씨는 당신과의 추억, 함께 마시던 소주를 그리워한다고….

　당신들과 함께한 시간을 소중하게 간직한다고….

　그러나 다만 지금은 얼굴을 볼 수 없다고, 아니 어쩌면 앞으로 못 볼지도 모른다고 말이다.

　주성 씨는 지금 살고 있는 아파트에서 지하 주차장까지 내려오는 것도 몇 번의 연습을 했다. 가끔 한 번씩 1층에서 내려 헤맬 때도 있지만 말이다. 그는 혼자 아파트 밖 세상을 나가 본 적이 없다. 어느 날 그런 주성 씨에게 말했다.

　"아들과 산책도 좀 같이 다니세요."

　"아들은 애 셋 키우느라 정신없어요. 아들과 며느리는 애 셋 돌보느라 나까지 짐이 되면 안 돼요."

　주성 씨는 웃으며 대답했다. 자신이 가만히 있어 주는 게 돕는 거라고 말이다. 주성 씨는 알고 있다. 자신의 사정을 말이다. 주성 씨는 한평생 자식들을 위해 헌신하며 살았던 가장이었다. 공무원으로서 꼬박꼬박 적금을 붓고, 나름 안정된 생활을 했다. 아들이 장가가던 날 작은 집을 마련하라며 도움을 줬다. 재테크를 위해 사 둔 땅도 지금은 아들 명의가 되었다. 한번은 웃으면서 과거에 사 둔 땅이 지금은 값이 많이 올랐다면서 자신은 재테크를 잘한다며 자화자찬을 했다. 노후에 마누라와 조용한 곳에서 살려고 사 둔 땅이라면서 말이다. 그러나 지금은 아무 필요가 없다며 아들에게 다 줬다고 했다.

한평생 가족을 위해 헌신한 주성 씨는 지금 어떤 생각을 할까? 자신의 발로 세상 밖으로 나오지 못하는 주성 씨의 마음은 어떨까? 가슴이 먹먹하다. 똑같이 사는 하루가 누구에게는 자유지만 누구에게는 감옥임을 느끼는 하루였다. 주성 씨가 세상 밖으로 조금씩 나오도록 도와주고 싶다.

오늘은 산책을 가는 날이다. 나는 주성 씨의 손을 잡고 복지관 옆 동네를 돌았다.

"여기는 수력발전소고요, 저기는 경찰서고요."

내가 손가락으로 가리키며 설명하자, 주성 씨는 입 아프겠다며 조용히 하란다. 그렇게 주성 씨는 조금씩 세상 밖으로 나왔다.

"나도 한때는 이런 곳에서 일했어요."

수줍게 말하는 주성 씨의 눈에 세상이 조금은 아름답기를 바래 본다. 조금이나마 자유의 시간이 되었기를 말이다.

3. 숙자 씨의 공포스러운 하루

아침부터 소란스럽다. 숙자 씨는 자신의 스카프를 빼앗아 갔다며 앞에 있는 어르신과 삿대질을 하며 다투고 있었다.

"왜 말도 없이 가져갔어?"

숙자 씨는 하루에도 몇 번씩 자신의 물건을 남이 가져갔다며 소란을 피운다. 자신의 물건과 남의 물건을 구분하지 못하는 숙자 씨는 하루에도 몇 번씩 자기 것을 가져갔다며 언성을 높이곤 한다. 그뿐만 아니라 계절과 상관없이 옷을 입고 오는데, 여름인데도 겨울 잠바를 입고, 겨울인데도 한여름 원피스를 입는 것이었다. 보호자도 아침마다 숙짜 씨와 실랑이하느라 힘들어 한다. 숙자 씨는 치매 환자 중에서도 심각한 편이다.

숙자 씨가 처음 왔을 때, 우리는 모두 놀랬다. 나이에 비해 걸음걸이가 너무 씩씩했기 때문이었다. 90세가 넘은 나이에 치아는 몽땅 빠져서 없지만, 걸음걸이만은 50대처럼 씩씩했다. 숙자 씨에게 자신을 소개해 달라고 하자, 앞으로 당당히 나와서 이렇게 말했다.

"나이는 85세고, 노래 부르는 것을 좋아합니다."

사실 숙자 씨의 나이는 91세다. 센터에 온 첫날부터 다른 어르신들과 달리 낯을 가리지 않았다. 좋아하는 노래 한 곡 들려줄 수 있냐는 말에 '한 많은 대동강'을 불렀다. 목소리가 어찌나 쩌렁쩌렁한지 2층에서 일하는 직원까지 내려왔다. 숙자 씨는 한 많은 삶의 세월을 노래하듯 열창을 했다. 그 후로 숙자 씨는 이곳의 가수가 되었다. 다음 날 '한 많은 대동강' 앙코르를 들려 달라고 하자 다른 노래를 불러 주겠다고 했다. 그날은 조용필 노래를 불렀다. 노래를 들으면서 숙자 씨의 지난 삶의 애환이 느껴졌다. 숙자 씨는 자신이 젊었을 때 가수였다면서 노래 부를 때가 가장 즐겁다고 했다. 노랫소리와 음량이 하도 커서 물었더니 자신은 밥심으로 산다고 했다. 하긴 치아가 몽땅 빠졌는데도 밥을 잇몸으로 어찌나 잘 드시는지 깜짝 놀랐다. 남들보다 먹는 양도 많고 간식도 더 달라고 한다.

어느 날, 숙자 씨와 동갑인 어르신이 반갑다며, 자기도 91세라며 친구하자고 악수를 청했다. 숙자 씨는 무슨 말이냐며 자신은 85세라고 했다. 그 어르신은 동갑이라는 반가운 마음에 숙자 씨에게 악수를 청한 것이다. 하지만 그날 숙자 씨는 소리를 질렀다.

"왜 내 나이를 당신 마음대로 말하냐? 내가 85세인데 당신이 뭔데 91세라고 하냐?"

"숙자 씨 나이는 85세가 맞습니다."

우리는 바로 숙자 씨를 진정시켰지만, 숙자 씨는 남의 나이 가지고 놀린다면서 불같이 화를 냈다. 그날 이후 센터에서는 누구도 더 이상 숙자 씨의 나이를 거론하지 않았고 그저 '85세 숙자 씨'라고 불렀다. 숙자 씨의 기억은 85세 때에 멈춰 있는 듯했다.

그렇게 터프한 숙자 씨 때문에 센터는 한 번씩 발칵 뒤집혔다. 양치 시간이 되면 몇 명씩 호명한 대로 욕실로 들어가는데, 혹시나 미끄러질까 봐 욕실 바닥은 항상 건조한 상태다. 어느 날 숙자 씨 차례가 되어 양치질을 하는데, 입안의 양칫물을 바닥에 뱉어 낸다. 그뿐만 아니라 침까지도 바닥에 퉤퉤 뱉어 낸다. 세면대에 뱉으라고 해도 막무가내다. 숙자 씨에게 설명을 해도 숙자 씨는 알아듣지 못한다.

"왜 이래라저래라 하냐? 당신이 이곳 주인이냐?"

삿대질을 하며 큰소리치는 숙자 씨 앞에서 더 이상 설명을 할 수가 없다.

숙자 씨는 큰딸과 살고 있다. 숙자 씨의 큰딸은 초등학교 교사다. 큰딸은 자신의 어머님이 고집이 너무 세서 집에서도 어떻게 할 수 없다고 했다. 어느 날 숙자 씨는 집에서 미끄러져 팔이 찢어졌다. 딸은 바로 응급실에 모시고 가서 상처를 꿰맸다고 했다. 그 후 나는 숙자 씨에게 꿰맨 상처 좀 보겠다며 반창고를 떼려고 했더니, 숙자 씨가 "아파요." 하며 엉엉 울음을 터뜨렸다. 엄살이 심한 것 같아 당황스럽기조차 했다. 가끔 숙자 씨는 소녀처럼 애교를 부리기도 하고, 아이처럼 어린양을 부린다.

"제발 살살 치료해 주세요."라고 말하는 숙자 씨를 보며 나는 웃음이 났다. 숙자 씨 안에는 어린 소녀의 마음이 존재하는 듯했다. 상처를 꿰맨 지 2주 정도 지나서 숙자 씨 보호자에게 연락이 왔다. 실밥을 빼야 하는데 숙자 씨가 절대 병원에 가지 않겠다고 고집을 피운다는 것이었다. 아무리 설명을 해도 숙자 씨는 실밥 빼는 것을 완강히 거부했다. 그날, 나는 숙자 씨를 상담실로 불러서 이렇게 말했다.

"실밥을 빼지 않으면 살에 염증이 생겨서 큰일 나요."

"그게 확실해요? 선생님이 의사예요?"

숙자 씨는 몇 번을 다시 묻더니 다음 날 병원에 다녀왔다.

"많이 아팠어요?"

"아뇨, 하나도 안 아팠어요."

숙자 씨가 씨익 웃으며 말했다. 이럴 때 보면 한없이 앳된 소녀처럼 보인다. 보호자인 딸도 숙자 씨의 고집을 꺾을 수가 없다며 한숨을 쉬었다. 한평생 똑똑한 엄마일 줄 알았는데, 지금의 엄마 상태를 보면서 딸은 생각이 많은 듯했다.

숙자 씨의 집으로 송영을 가 보면 대부분 딸이 나와 있다. 초등학교 교사인 딸은 특별히 바쁜 날을 제외하고는 늘 엄마를 마중 나와 있다. 숙자 씨는 딸의 마음을 아는지 모르는지, 차에서 내리자마자 딸과 눈인사도 없이 휭하니 앞서서 걸어간다. 딸 역시 그런 엄마를 이해하는지 뒤에서 따라간다. 숙자 씨는 딸이 초등학교 교사라면서 한껏 자랑을 늘어놓을 때가 있다. 어느 학교 교사냐고 물어보면 "그것까지 내가 어떻게 알아?"라며 흥분한다. 그러면서도 당신의 딸 자랑 이야기를 계속 이어 갔다.

"내 딸이 어떤 딸인 줄 알아? 학교 다닐 때 반에서 1등을 놓친 적이 없었다고."

딸 자랑하는 숙자 씨도 과거에는 딸에게 최고의 엄마였음이 틀림없었을 것이다. 몇 번이고 "내 딸이 초등학교 교사야."라는 말을 자랑스럽게 외친다. 똑소리 나게 자녀 교육을 했을 법한 숙자 씨의 지난 세월을 느낄 수 있었다.

센터에서 인지 수업을 할 때면, 숙자 씨는 자신의 이름을 적을 때 한자나 영어로 적곤 한다. 이게 무슨 뜻이냐고 물으면 한자 풀이까지 해 준다. 자신의 이름은 최고의 이름이라고 말이다. 수업을 가장 먼저 끝내는 성격이 급한 숙자 씨는 인지 수업을 좋아하지 않는다. 색칠을 하는 것도, 숫자 공부를 하는 것도 싫어한다. 대신 한자로 써 놓은 자신의 이름을 꾸미며 몇 번씩 설명한다. 수업보단 자신의 이름을 꾸미고 장식하는 게 더 즐겁단다.

숙자 씨가 가장 좋아하는 수업은 노래 수업이다. 노래를 부를 때면 그 누구보다 목청껏 따라 부른다. 노래하면서 쏟아 내는 열정을 그 누구도 따라올 수가 없다. 숙자 씨는 학창 시절부터 음악을 좋아했을 것 같다.

어느 날 센터에서 숙자 씨와 새로 오신 어르신과 다툼이 벌어졌다. 그 어르신은 숙자 씨의 상태를 몰랐기에 반갑게 인사를 하면서 나이를 물었다. 숙자 씨는 자신은 85세 말띠라고 이야기했다.
"85세면 말띠가 아닌데. 말띠라고요?"
그 어르신이 계산을 하더니 91세가 말띠라고 설명했다. 숙자 씨가 나이에 예민하다는 사실을 모른 채 말이다. 그날 우리 센터는 한바탕 난리가 났다.
"당신이 뭔데 내 나이를 맘대로 고치냐? 내가 85세라는데 왜 91세라고 그러냐?"
숙자 씨는 언성을 높이더니 분을 참지 못하고 자기가 그렇게 늙어 보이냐면서 삿대질까지 해댔다. 그날 숙자 씨의 높아진 목소리로 다른 어르신들까지 인상을 찌푸렸지만, 나는 그런 숙자 씨를 보며 안타까웠다. 숙자 씨의 기억은 85세에 머물러 있는데, 자꾸 91세라고 하니 흥분이 된 것이다. 숙자 씨를 따로 불러서 진정을 시키려 했지만, 그날 오후 내내 숙자 씨는 화가 나 있었다. 자신보고 91세이라고 했다면서 말이다.

치매 환자들의 기억은 과거에 머물러 있는 경우가 많다. 숙자 씨 역시 과거의 기억 중 85세라는 나이에 머물러 있었다. 숙자 씨의 딸은 자기 어머니의 상태가 점점 심해져서 너무 힘들다고 하소연했다. 집에서는 약도 안 먹겠다고 하고 옷도 안 입겠다며 매번 딸과 실랑이를 한다고 한다. 그러다 보니 약은 센터에서 내가 챙겨 준다. 옷도 센터에 놓고 입혀 준다. 한 번씩 약을 주면 왜 약을 먹어야 하냐며 자신은 아픈 곳이 없다고 한다. 왜 강제로 약을 먹이냐며 나에게도 언성을 높인다. 약을 먹이기 위해 몇 번씩 설득을 해야 하지만, 나는 숙자 씨에게 최대한 설명하고 숙자 씨 말을 들어 준다. 그러다 보면 결국 마지막에는 약을 먹으며 이렇게 말한다.

"약이 엄청 써요."
"참 잘 드셨어요."

나는 얼른 손뼉을 쳐 준다. 말 그대로 어린아이 돌보듯 말이다. 숙자 씨는 어린아이처럼 달래고 설명해 주고 칭찬해 줘야 말을 듣는다. 나는 숙자 씨의 상태를 알기에 최대한 오버하며 다가간다.

그런 숙자 씨도 한 번씩 소녀 감성을 보일 때가 있다.
"오늘은 옷이 엄청 예뻐요. 데이트하러 가시나 봐요?"
내가 이렇게 물으면 숙자 씨는 수줍게 웃으며 받아 낸다.
"아…, 남자 친구 한 명 소개해 줘요. 명 짧고 돈 많은 사람으로요."
"그럴까요? 숙자 씨는 어떤 스타일 좋아해요?"
밝게 웃으며 다시 맞받아치며 물으면 술술 이야기를 풀어낸다.
"이왕이면 잘생기고, 돈도 많아야죠. 바람둥이 말구요."

숙자 씨도 천생 여자였다. 그래서인지 숙자 씨는 남자 어르신들에게는 별로 화를 내지 않는다. 지금까지 싸운 사람들은 대부분 여자였다. 어쩌면 숙자 씨는 남자 어르신들 앞에서는 조신한 숙녀가 되고 싶은 건 아닐까? 수줍게 웃으며 애교를 뽐내는 숙자 씨다.

한번은 노래 강사가 노래를 가르치면서 '내 마음 알려나 몰라'를 애교 있게 하라고 가르쳤다. 온몸으로 "내 마음 알려나 몰라" 하면서 애교부리는 숙자 씨를 보며 강사가 젊었을 때 남자들 속 깨나 썩였을 것 같다며 웃었다. 숙자 씨에게 남아 있는 소녀 감성을 볼 때면 나이가 들어도 가냘픈 여자라고 느껴진다. 한때 자신도 누군가를 사랑하고 사랑받았을 한 여인이었을 테니 말이다.

오늘은 비가 처량하게 내린다. 숙자 씨에게 노래 한 곡조 신청하니 '한 많은 대동강'을 들려준다. 자신의 최애곡이라며 말이다. 슬프게 눈물 흘리며 부르는 이 노래의 가사가 궁금해서 찾아보았다.

한 많은 대동강아 변함없이 잘 있느냐
모란봉아 을밀대야 네 모양이 그립구나
철조망이 가로막혀 다시 만날 그때까지
아 소식을 물어본다 한 많은 대동강아

대동강 부벽루야 뱃노래가 그립구나
귀에 익은 수심가를 다시 한 번 불러 본다
편지 한 장 전할 길이 이다지도 없을소냐
아 썼다가 찢어 버린 한 많은 대동강아

숙자 씨의 가슴 한쪽에 남아 있을 아련한 추억을 느낄 수 있었다. 그날 숙자 씨는 가슴을 움켜쥐며 울었다. 무엇으로도 표현하지 못하는 자신의 한 많은 세월들이 생각나서일까. 그날따라 숙자 씨의 가냘픈 외모가 더 처량하게 보였다. 지금까지 힘든 시간을 잘 견뎠을 숙자 씨의 남은 인생도 잘 지내길 바라본다.

오늘도 숙자 씨는 힘차게 센터로 들어온다. 언제 그랬냐는 듯 웃으며 인사를 한다. 어제까지 애달프게 보였던 모습도 오늘은 아무 일도 없었다는 듯 밝은 모습이다. 우리의 인생도 어제의 슬픔이 오늘의 기쁨으로 바뀌듯 말이다.

4. 지숙 씨의 긍정적인 하루

아침부터 지숙 씨의 노랫소리에 센터가 즐겁다. 지숙 씨는 '세상은 요지경' 노래를 부르며 춤까지 춘다. 코로나로 창살 없는 감옥을 살아가는 우리에게 지숙 씨는 세상이 요지경이라며 흥겹게 알려 준다. 지숙 씨는 연이어서 '잘 놀다 가세'를 열창하며 오늘 하루도 잘 보내라는 메시지를 전달했다. 사실 지숙 씨의 치매는 중등도이다 보니 과거의 기억을 잊어버렸다. 자기 딸이 누구인지, 나이가 몇 살인지, 집이 어딘지 모른다. 대신 해맑게 웃으며 농담도 잘하고 우리 센터에서 가장 즐겁게 생활한다. 내가 묻는 말에 대답도 가장 크게 하며, "선생님 제가 한 것 좀 봐주세요."라며 적극적이다. 다른 사람들에게도 에너지를 발휘하며 대답을 크게 하시라며 웃음을 자아낸다. 치매 어르신이라 해도 그 누구보다 해맑게 웃는 모습에 나 또한 즐겁다. 어느 날 식사 시간 전에 물었다.

"오늘 간식은 뭘까요? 알아맞혀 보세요."

"소고기요. 선생님, 소고기 먹고 싶어요. 몸보신하게 소고기 사 주세요."

지숙 씨가 떼를 쓴다.

"돈 많이 벌어서 사 줄게요"라고 했더니, "그럼 내가 쏠게요."라고 대답한다.

웃으며 "돈 있어요?"라고 했더니, 지숙 씨가 주머니에서 아파트 출입 카드를 꺼내며 말한다.

"이걸로 사 줄게요."

"그거는 집에 들어갈 때 쓰는 문 여는 카드잖아요?"

"이건 소고기도 살 수 있는 만능 카드에요."

해맑고 순수한 지숙 씨의 모습 덕분에 웃었다.

요즘 사람들은 웃는 날이 거의 없다. 정확히 말하면 웃을 수 있는 일이 없다. 나 또한 걱정과 근심에 묶여 웃음이 나오질 않는다. 근데 지숙 씨와 이야기하면 웃음이 끊이질 않는다. 걱정 근심 없이 웃기만 한다. 모든 걸 잊게 해 준 지숙 씨를 보며 나는 오늘도 견딘다. 하루는 지숙 씨가 화장을 하고 왔다.

"왜 이렇게 예쁘게 하고 왔어요?"

"내 애인한테 잘 보이려고요."라며 환하게 웃는다.

애인이 누구냐고 물으니 비밀이라며 동네방네 떠들면 안 된다고 하며, 환한 얼굴로 소녀처럼 묻는다.

"선생님, 나 화장하니깐 예쁘죠?"

어느 날 아침, 다른 어르신이 혈압을 안 재겠다고 실랑이를 하는데, 지숙 씨는 왜 선생님 말씀을 안 듣느냐면서 당신이 간호사냐고 그 어르신을 혼을 낸다. 여기 왔으면 조용히 말을 들어야지 마음대로 할 거 같으면 오지 말라며 옳은 소리를 해댄다. 이럴 때는 지숙 씨의 야무진 말에 놀란다. 사실 지숙 씨는 텔레비전을 보면 조용히 보는 게 아니라 자막을 소리 내어 따라 읽는다. 그러다 보니 다른 어르신들이 시끄럽다며 피한다. 하루 종일 쉴 새 없이 중얼중얼하다 보니 옆의 어르신들이 눈살을 찌푸린다. 한번은 방송의 노래 프로그램을 보는데, 가수의 노래를 음정 박자 무시하고 가사만 따라서 불렀다.

"지숙 씨, 땡이에요. 땡! 더 연습해서 오세요."

내가 웃으며 말했더니, 자신은 땡이어도 좋다며 계속 중얼거렸다. 자신의 실력을 몰라 본 심사위원이 야속하다며 계속 따라 불렀다.

"땡이어도 좋아. 나는 계속 노래 부를 거야."

그날 우리는 지숙 씨의 노래를 계속 들을 수밖에 없었지만, 지숙 씨는 그래도 즐겁단다. 하루 종일 흥얼흥얼 늘 즐겁다. 그래서인지 나이가 80살이 넘었는데도 외모는 70대보다도 더 젊어 보인다. 주위 어르신들은 아무 고민 없이 살아가니 지숙 씨는 늙지를 않는다고 이야기한다. 매일매일이 즐거운데 언제 늙느냐고 말이다.

나는 지숙 씨를 보면서 많은 걸 배운다. 지숙 씨는 센터에서 화를 낸

적이 없다. 다른 어르신들은 자신의 감정을 불같이 내뿜지만 지숙 씨는 늘 한결같다. 어르신들의 자리 배치를 하다 보면 몇 번씩 자리를 옮겨야만 한다. 자신의 자리를 옮기기 싫어하는 어르신들도 계셔서 어쩔 수 없이 지숙 씨가 이쪽저쪽을 옮겨 다닌다. 그래서 지숙 씨에게 "미안해요."라고 말하면, 웃으며 "괜찮아요. 그럴 수도 있죠."라고 쿨하게 넘어간다. 그러면서 자신은 이 자리는 텔레비전이 잘 보여서 좋고, 저 자리는 잘생긴 영감 옆이어서 좋다며 웃는다. 그런 지숙 씨를 보면서 나는 이런 생각을 했다. 어디서든 긍정적인 자세와 즐거운 자세를 가진 지숙 씨의 삶의 태도가 늙을 여유를 주지 않는다고 말이다. 살다 보면 우리는 짜증과 화가 날 일이 많은데, 지숙 씨는 늘 삶을 가벼운 마음으로 대하는 듯했다.

 그뿐만 아니라, 지숙 씨는 양보도 아주 잘한다. 한번은 오전 간식을 나눠 주는데 옆의 어르신이 맛있다며 한 개 더 달라고 했다. 간식 개수가 딱 맞아서 더 드릴 수 없다고 하자, 지숙 씨는 내 것 하나 더 드시라며 자기 간식을 양보했다. 그날 오후 우리가 미안한 마음에 지숙 씨에게 두유를 건네자, 지숙 씨는 두유 맛이 꿀맛이라며 웃었다. 지숙 씨의 긍정적인 삶의 태도 덕분에 나는 많은 걸 배운다. 양보하는 자세, 남을 배려하는 자세, 자신을 낮추는 자세 등 우리가 쉽게 하지 못하는 걸 지숙 씨는 쉽게 실천한다.

 우리 센터 뒷마당에는 텃밭이 있다. 오이, 고추, 상추, 참외, 포도 등이 심겨 있다. 한번은 상추를 따러 나가는데, 햇볕이 강해서 몇 개 따다가 지쳐서 내가 그냥 들어가자고 말했다. 그런데도 지숙 씨는 쉬지 않고 계속 상추를 따면서 흥얼흥얼 노래를 불렀다. 내가 몇 번을 그만 들어가자고 말하니, 지숙 씨는 사람이 일을 하려면 끝까지 해야지 중간에 끝내면 안 된다며 계속 상추를 땄다. 지숙 씨는 그날 상추와 부추, 고추까지 따서 수확물이 많다며 뿌듯해했다. 그날 점심때 어르신들과 나눠 먹으면서 지숙 씨가 딴 수확물이라며 칭찬을 했더니, 지숙 씨는 "많이들 드세요. 제가 또 따올게요."라며 즐거운 식사 시간을 만들어 줬다.

그런 지숙 씨도 보호자와 상담을 통해 다른 면을 알 수 있었다. 지숙 씨는 딸과 함께 살고 있는데, 집에 오면 씻지도 않고 눕는다고 한다. 목욕하자고 몇 번을 말해도 안 한다면서 막무가내라고 했다. 딸과 싸우는 이유 중 하나가 목욕을 안 하는 거라며 딸은 그런 엄마가 이해가 되질 않는다고 했다.

하루는 딸이 센터에 전화를 해서 엄마 기분이 어떤지 봐 달라고 했다. 늘 똑같은 모습으로 수업도 잘 참여하시고 식사도 잘했다고 했더니, 그날 오전 집에서 딸과 다툼이 있었다고 했다. 세수하고 화장품을 바르라고 했는데 씻지도 않고 옷만 입어서 딸이 지숙 씨에게 화를 냈단다. 그런데도 지숙 씨는 아무 말 없이 옷만 입고 센터로 왔다는 것이었다. 지숙 씨의 속이 말이 아닐 거란 생각에 딸이 걱정이 되서 전화를 한 것이다. 그날 나는 지숙 씨와 상담을 했다. 지숙 씨에게 작은 인형을 가져와서 말했다.

"이 인형, 세수 좀 시켜 주세요."

"왜요?"

"이 인형이 세수하기 싫어해서 이렇게 지저분해졌어요."

지숙 씨는 웃으며 인형 엉덩이를 찰싹 때리며 말했다.

"세수를 왜 안 하니? 예쁘게 하고 놀러 가자."

그리곤 인형 얼굴을 깨끗하게 씻겨 주었다.

지숙 씨가 집에서 잘 씻지 않는 건 자신의 입장에선 씻지 않아도 깨끗하다고 느낄지도 모른다. 아니면 강압적으로 씻으라고 하니 반항심이 들 수도 있다고 생각했다. 사실 나도 주말이면 씻기 싫어 하루 종일 안 씻는다. 누군가 왜 안 씻는지 물으면, "나는 어젯밤에 목욕해서 깨끗해."라고 말한다. 아마 지숙 씨도 씻기 싫은 날이 분명히 있을 것이다. 딸은 "깨끗하게 하고 가야지."라고 했지만, 지숙 씨도 귀찮은 날이 있을 거라 생각한다. 뭔가를 하려고 하다가도 누군가가 옆에서 하라고 하면 하기 싫어질 때가 있다. 왜 간섭하냐고 말이다. 어릴 때는 엄마 말을 잘 듣다가도 사춘기가 되면 반항심이 생긴다. 지숙 씨도 어른 사춘기일지도 모른다. 자기의 감정을 무시한 채 억지로 시키다 보니 반항심이 생겼을지도 모른다.

우리 센터에는 운동기구들이 있다. 지숙 씨는 운동을 싫어한다. 몇 번씩 설득하긴 했지만, 지숙 씨는 텔레비전 보며 등 마사지하는 게 즐겁단다. 그런 지숙 씨에게 억지로 하게 만드는 것이 아니라 지숙 씨의 의사를 존중해 준다. 그래서인지 지숙 씨는 등 마사지하면서 시원하다는 말을 몇 번씩 한다. 한번은 딸이 지숙 씨가 집에서는 꼼짝도 안 한다면서 하소연했다. 운동을 하기도 싫어하고 걷는 건 더더욱 싫어한다고 말이다. 나는 센터에서도 자전거 타는 기구, 발 운동기구들이 있지만 지숙 씨는 좋아하지 않는다고 설명했다. 자신의 어머니가 건강해야 하는데 걱정이라며 운동 좀 하게 하는 방법 없을까 고민을 했다. 나는 딸에게 지숙 씨와 함께 마트 간다고 하고 일부러 길을 돌아서 가는 게 어떨까 제안했다. 걷기 싫어하는 지숙 씨에게 장보러 가자고 하고는 아파트 길을 돌아서 가는 것이다. 그 후로 지숙 씨는 딸과 함께 30분 이상씩 걸어서 마트를 다닌다고 했다. 사실 지숙 씨는 길을 모른다. 손목에는 위치 추적기를 차고 있다. 지숙 씨는 딸과 함께 저녁마다 마트를 간다. 딸은 엄마를 위해 30분 이상씩 마트 가는 시간을 투자한다.

　지숙 씨와 나는 같은 동네에 산다. 어느 날 내가 단골 마트에 도착했을 때쯤 지숙 씨와 딸이 장을 보고 나오고 있었다. 나는 지숙 씨를 보고 반가운 마음에 손을 흔들었다. 그런데 아뿔싸. 지숙 씨가 나를 못 알아본다. 사실 딸은 상담 때를 제외하곤 통화만 했기에 모를 수밖에 없다. 그런데 지숙 씨는 늘 봐 왔던 사람이다. 그런 지숙 씨에게 마트 앞에서 손을 번쩍 들고 몇 번을 흔들었지만, 지숙 씨는 내 옆을 휑하니 지나갔다. 주위 사람들에겐 이상하게 비춰졌을지 모른다.
　다음 날, 센터에서 지숙 씨에게 물었다.
"어제저녁에 마트 가셨죠?"
"마트요? 몰라요. 안 갔어요."
"마트 앞에서 내가 손을 흔들며 아는 체했는데, 못 보셨나 봐요?"

"나는 어제 밖에서 선생님을 본 적이 없는데…."
"아…, 그랬군요."
"내가 밖에서 선생님을 보았으면 우리 선생님을 꼭 껴안아 줬을 거예요."
"……"
천연덕스럽게 환하게 웃으며 말하는 지숙 씨 앞에서 나는 더 이상 할 말이 없었다. 오늘도 지숙 씨 덕분에 즐거운 하루다.

지숙 씨의 삶을 대하는 태도를 배우며 오늘은 일기장의 내용이 길어진다. 지숙 씨는 알지 못한다. 지금 이 순간 이 기억들을 말이다. 다만 자신이 살아온 삶을 대하는 태도를 우리에게 보여 주고 있을 뿐이다. 지숙 씨가 오랫동안 건강했으면 좋겠다. 그리고 지금처럼 늘 얼굴에 웃음꽃이 활짝 피기를 바란다. 걱정 많은 이 시대를 살아가는 나와는 달리 말이다.

5. 금자 씨의 슬픈 하루

내가 처음 이곳에 입사한 날 금자 씨는 나를 보자마자 욕부터 해댔다. 혈압을 재기 위해 커프를 팔에 감았을 뿐인데 혈압계를 던지며 가라고 했다. 공격성 치매인 금자 씨를 대할 때면 최대한 부드럽게 다가가야 한다.
"오늘 식사는 맛있어요?"
"지랄한다."
인상 쓰면서 욕부터 해댄다. 오늘 아침부터 금자 씨는 집에 가겠다며 문 열라고 소리친다.

"어디 가시게요?"

"나 집에 간다. 나 갈란다."

막무가내 금자 씨는 다른 어르신들과 달리 휠체어를 타고 오신다. 그날은 휠체어에서 내려서 집에 간다며 옆의 난간을 잡고 계셨다.

"위험해서 안 됩니다."

이 말에 욕을 해대며 휠체어에서 막무가내로 내렸다. 금자 씨는 잘 걷지는 못하지만 손의 힘은 엄청나게 세다. 문 앞에 서서 가겠다며 문을 두드리며 시끄럽게 소란을 피웠다.

"기사님이 지금 오고 있으니 집까지 안전하게 모셔다 드릴게요."

요령껏 달래긴 했지만, 그날 하루 금자 씨는 몇 번씩 시끄럽게 문을 두드렸다.

금자 씨는 아들과 며느리와 살고 있다. 금자 씨의 댁은 우리 센터에서 가장 멀리 떨어져 있어서 거리가 30분 이상 소요된다. 금자 씨가 처음 왔을 때의 상태는 이 정도까지 심각하지는 않았단다. 노래 부르는 걸 좋아하고, 일본어를 어찌나 잘하는지 자신의 어렸을 적 배웠던 언어를 술술 풀어냈단다. 내가 센터로 온 즈음부터 금자 씨는 휠체어에 의존한 채 늘 몸이 오른쪽으로 기울어져 있었다. 금자 씨가 힘들까 봐 몸을 만지면 쌍욕을 해댔고, 손이 부어서 위로 올려 주면 꼬집기 일쑤였다. 그런 금자 씨도 과거에는 농사를 지어서 그 일대의 부자 아줌마로 소문날 정도로 악착같았단다. 지금 금자 씨의 논과 밭은 아들 며느리가 농사를 짓고 있다.

　금자 씨는 과거 똑소리 나는 아줌마로 동네에서 농사일을 가장 열심히 할 정도였단다. 그래서인지 재벌이라는 소문이 들리기도 했다. 한번은 금자 씨 댁에 가면서 금자 씨 손을 잡으며 말했다.
　"밭이 참 넓네요. 밭일하느라 손이 마를 날이 없었겠어요?"
　금자 씨는 무언가 생각이 나는지, 일본어로 뭐라 뭐라 대답했다. 일본어를 유창하게 정말 잘했다. 어릴 적 일본에서 공부한 게 지금도 기억이 나는 듯했다. 금자 씨는 센터에서 가끔씩 혼자서 일본말로 노래를 부른다. 어느 날은 시조를 읊기 시작하는데 깜짝 놀랐다. 나도 외우지 못하는 시조를 슬슬 읊으며 우렁찬 목소리로 음률을 맞춘다.

　"태산이 높다 하되 하늘 아래 뫼이로다.
　오르고 또 오르면 못 오를리 없건마는
　사람이 제 아니 오르고 뫼만 높다 하더라."

　그날 나는 금자 씨의 또 다른 모습에 놀라지 않을 수 없었다. 금자 씨에게 이 시조는 살면서 삶의 시조가 아니었을까 생각을 해 본다. 사람이 노력만 하면 안 되는 일이 없다는 뜻으로 전달이 되었다. 다음 날 나는 금자 씨 앞에서 시 한 구절을 읊었다. 김소월의 진달래꽃의 첫 구절을 말이다.
　"나 보기가 역겨워 가실 때에는…"
　금자 씨가 바로 다음 구절을 이어서 읊는다.

"말없이 고이 보내 드리오리다."
"영변(寧邊)에 약산(藥山) 진달래꽃"
"아름 따다 가실 길에 뿌리오리다."

뒤 구절은 기억이 가물가물했는지 한동안 머뭇거리다가 슬슬 시조를 읊었다.

"…가시는 걸음 걸음 놓인 그 꽃을
사뿐히 즈려밟고 가시옵소서.
나보기가 역겨워 가실 때에는
죽어도 아니 눈물 흘리오리다."

"노래 한번 불러 주세요. 시조 한번 읊어 주세요."

그날 이후 금자 씨에게 가까이 다가가서 말했다. 그러면 욕설을 하던 금자 씨도 기억에 저장되어 있는 노래 한 구절을 불러 준다. 금자 씨가 가장 좋아하는 노래는 '고장 난 벽시계'라는 노래다.

세월아 너는 어찌 돌아도 보지 않느냐
나를 속인 사람보다 니가 더욱 야속하더라
한두 번 사랑 땜에 울고 났더니 저만큼 가 버린 세월
고장 난 벽시계는 멈추었는데 저 세월은 고장도 없네
청춘아 너는 어찌 모른 척하고 있느냐
나를 버린 사람보다 니가 더욱 무정하더라
뜬구름 쫓아가다 돌아봤더니 어느새 흘러간 청춘

고장 난 벽시계는 멈추었는데 저 세월은 고장도 없네

금자 씨는 이 노래를 부르며 눈시울이 촉촉하다. 한 번씩 눈물을 흘리며 부르는 금자 씨의 모습 속에 흘러가는 세월에 아쉬움이 느껴진다. 생각해 보니 금자 씨는 세월에 대한 노래를 좋아한다.

세월아 어디 가느냐
내 청춘 여기에 두고
쉼 없이 살아온 인생
구름 되어 밀려가는데
청춘아 어디 있느냐
내 모습 변해 가는데
마음은 그대로인데
내 모습만 변하는구나
사랑도 인생살이도
못다 한 젊은 꿈들도
가슴에 미련이 많아
세월아 청춘아
가지를 가지 말아라
청춘아 어디 있느냐
내 모습 변해 가는데
마음은 그대로인데

내 모습만 변하는구나

사랑도 인생살이도

못다 한 젊은 꿈들도

가슴에 미련이 많아

세월아 청춘아

가지를 가지 말아라

세월아 청춘아

가지를 가지 말아라

금자 씨는 세월이 흘러가는 아쉬움을 노래로 표현하는 듯했다. 한때는 금자 씨의 청춘도 불타는 날들이었을 것이다. 혼자 남겨져서 악착같이 아이들 키우는 엄마로서 사느라 자신의 삶은 없었을 것이다. 그렇게 불타는 청춘도 시들어 가고 세월은 흘러 금자 씨는 치매를 진단받았다. 지금은 치매에 걸려 몸도 제대로 쓰지 못해 휠체어에 의존해야만 한다. 그런 자신의 삶이 한편으로는 원통하고 분할 거란 생각이 들었다. 금자 씨는 세월의 노래를 부르며 웃다가 울다가를 반복한다. 자신의 지나온 삶을 생각하는 듯 보였다.

금자 씨는 음식에 대한 집착이 심하다. 먹을 거를 달라며 밥 좀 해 가지고 오라고 한다.

"밥 안 먹었어요?"라고 물으면 며느리 이름을 대면서 "안 해 주더라. 안 주더라."라며 흥분을 한다. 그래서 간식을 주면 또 달라고 소리친다. 식사 시간이 끝나도 금자 씨는 수저와 젓가락을 놓지 않는다. 한번은 금자 씨를 차에 태우기 위해 휠체어에서 일으키는데, 뭔가 쨍그랑쨍그랑 소리가 났다. 금자 씨의 헐렁한 바지에서 뭔가가 떨어지는 소리였다. 금자 씨는 바지 속에 자신이 먹었던 수저, 젓가락, 물컵을 넣었던 것이다. 그날 이후 금자 씨의 물건 넣는 버릇은 점점 더 심해졌다. 그리고 차를 태울 때마다 바지 사이로 뭔가가 투두둑 떨어졌다. 어떤 날은 색연필이 떨어지고, 어떤 날은 간식으로 줬던 떡이 떨어졌다. 무엇보다 수저와 젓가락, 물컵은 수시로 떨어졌다. 그 떨어진 물건을 집으면 금자 씨는 차 안에서 자기 것이라면서 달라고 소리쳤다. 우리는 비닐봉지에 넣어서 금자 씨의 손에 쥐어 줬다. 다음 날 보호자 편으로 금자 씨가 가져갔던 물건들이 다시 배달되어 돌아왔다.

 금자 씨의 치매는 진행 중이다. 그것도 중등도 환자다 보니 감정의 기복이 심하다. 물건에 대한 집착도 심해서 모든 물건을 바지 이곳저곳에 넣기 바쁘다. 금자 씨는 어느 날부터인지 증세가 심해져서 욕도 더 거칠어졌다. 보호자와 상담 후 병원에 가서 약의 복용량을 좀 더 늘렸다. 복용량을 늘린 후부터 금자 씨는 자신의 몸을 가누기 힘들 정도로 축 처졌다. 그런 모습이 안쓰러워 보호자께 이야기했다. 몸도 점점 굳어지는 듯했다. 차에 타고 내리는 일도 갈수록 힘들어졌다. 금자 씨는 물건을 가져가는 일도 더 이상 하지 않았다. 아니 그럴 정도의 힘도 없었다. 금자 씨의 상태가 점점 악화되는 게 눈에 보여서 마음이 아팠다. 한때는 씩씩하게 노래도 부르며 세월의 아쉬움을 이야기했는데, 지금은 음악이 흘러나

오면 웃다 울기를 반복한다. 보호자도 이런 금자 씨를 요양원에 모시고 가야겠다고 몇 번 얘기했지만, 한평생 자신을 지켜 준 어머님을 요양원에 보내려니 마음이 아프다고 했다. 지금은 마지막까지 자신이 어머님을 지켜야 한다고 생각한다. 하원할 때면 금자 씨의 아들과 며느리는 늘 휠체어를 옆에 두고 기다린다. 추울 때면 이불을 들고 서 있고, 더울 때면 부채를 들고 서 있다. 자신의 어머니에게 최선을 다하는 보호자의 모습을 보면서 효에 대해 느끼게 되었다.

 금자 씨의 상태로 센터에 온다는 거 자체가 사실은 힘들다. 대부분 이 정도가 되면 요양원에 모신다. 자신의 어머니를 끝까지 지키려는 아들과 며느님을 보면서 센터에서도 종결하지 못하고 있다. 요즘 금자 씨는 씹는 것도 약하다 보니 식사가 죽 아니면 국으로 대체가 된다. 드시면서도 빨리 달라, 더 달라며 잘 드신다. 그런 모습을 보면서 금자 씨가 지금까지 버텼던 이유는 식사를 잘하기 때문이라는 생각이 들었다. 금자 씨는 음식을 가리지 않고 이것저것 잘 드신다. 다만 사레가 잘 걸려서 부드러운 음식으로 드리고 있다. 살기 위한 몸부림이랄까. 금자 씨는 오늘도 악착같이 음식을 다 먹는다. 사실 병원에 있다 보면 많은 경우 콧줄(Levin tube)로 음식을 제공한다. 보호자는 병원이나 요양원에 가면 콧줄을 끼울 거라며, 드실 수 있을 때까지는 시간이 걸리더라도 입으로 드실 수 있게 해 드리고 싶다고 한다.

 금자 씨는 오늘도 휠체어를 타고 등원했다. 피부가 약해져서 조금만 스쳐도 피가 난다. 그런 금자 씨를 위해 소독을 하고 조심스레 메디폼을 붙여 준다. 금자 씨는 나를 보면서 힘없이 고맙다고 말한다. 금자 씨의 힘찬 목소리를 이제 들을 수가 없다. 힘없이 말하는 금자 씨를 보며 꼭 안아 주었다. 한평생 자신의 삶을 악착같이 살았을 금자 씨를 보면서, 세월의 야속함을 느끼는 금자 씨를 보면서, 나는 금자 씨가 센터에 있을 때까지 지금의 상태를 유지하길 바라본다. 오늘도 금자 씨는 나를 보며 시조 구절을 읊는다.

"태산이 높다 하되 하늘 아래 뫼이로다.
오르고 또 오르면 못 오를리 없건마는
사람이 제 아니 오르고 뫼만 높다 하더라."

지금을 살아가는 모든 이들에게 던지는 교훈이 아닐지 생각해 본다. 나 역시 힘들다고 포기하지는 않았는지, 높다고 시도조차 하지 않았는지, 못한다고 도망가지는 않았는지 되돌아봐야겠다. 금자 씨가 일러 준 이 구절이 내 머릿속에 계속 맴돈다.
나 역시도 평생 이 구절을 읊으며 살아갈 것이다.

6. 태식 씨의 이기적인 하루

태식 씨는 공무원으로 퇴직 후 아늑한 시골 마을로 귀농했다. 그러던 어느 날 뇌졸중으로 쓰러졌고 회복 후에도 편마비로 걸음걸이가 매우 불

안정하다. 차를 타고 내릴 때도, 2층인 집에 오를 때도 직원들 두 명이 부축해야만 했다. 태식 씨는 내가 오기 전 센터에서 낙상사고로 며칠 동안 병원에 입원했다고 한다. 옆에 직원이 있었는데도 태식 씨의 무게를 혼자 감당하기엔 벅찼던 것이다. 직원과 같이 넘어졌는데 태식 씨는 그때 이후로 다리 통증이 더 심해졌다고 했다.

내가 처음 온 날 태식 씨는 지팡이에 의존하고 직원이 부축해서 겨우 의자에 앉을 수 있었다. 태식 씨는 힘들다는 내색과 함께 이렇게 사는 것은 사는 게 사는 게 아니라며 한탄을 했다. 그런 태식 씨에게 다가가기 쉽지 않았지만, 절룩거리는 다리를 보며 내심 걱정이 되어 진찰을 받아 보라고 말을 했다. 다리 절룩거리는 게 심해서 허리도, 어깨도 비대칭이었기 때문이었다.

태식 씨는 늘 무거운 가방을 크로스로 메고 다녔다.
'가방 안에는 뭐가 있을까? 몸도 불편한 데 왜 이리 무겁게 뭔가를 담고 다닐까?'
며칠 후 담당 선생님께 태식 씨에 대해 자세한 설명을 들을 수 있었다. 태식 씨는 살고 있는 동네에서 손에 꼽을 정도로 부자다. 태식 씨의 집 뒤로 있는 산과 논, 밭이 태식 씨 거였다. 아내와 살고 있는 태식 씨는 한마디로 자린고비였다. 한평생 모은 재산과 물건을 도둑맞을까 봐 가방에 메고 다닌다는 것이다. 가방 안에는 스무 개가 넘는 통장이 들어 있단다. 집에 놓고 다니면 불안하기도 하고 도둑맞을까 봐 무섭다며 본인이 직접 들고 다닌다고 한다. 함께 사는 할머니조차 믿을 수 없다니 기막힐 노릇이었다.

얼마 전에는 태식 씨 송영을 하러 가기 위해 옆에서 부축했는데, 여느 때보다 절룩거림이 심했다. 병원에 가자고 하자 태식 씨는 안 간다며 막무가내였다. 다음 날은 태식 씨 집에 송영하러 갔는데, 한눈에 보기에도 두 분이 살기에는 커 보이는 주택과 넓은 밭이 눈에 띄었다. 할머니의 허리는 구부정했고 태식 씨를 옆에서 부축하기에도 힘이 많이 달려 보였다. 할머니는 태식 씨에게 잘 다녀왔냐는 인사를 했고, 태식 씨는 대답이 없다. 센터에서도 태식 씨는 말을 잘 하지 않는다. 예민하기도 했고 약간의 불안감도 있었다. 다른 분들은 자신들이 가져온 가방, 모자를 한곳에 모아 놓는 반면, 태식 씨는 늘 가방을 자신의 옆에 둔다. 기필코 자신이 들고 있겠다며 남을 못 믿는 눈치다.

한번은 결핵 검진을 위해 X-ray를 찍어야 해서 입고 있는 잠바와 가방을 벗어야만 했다. 태식 씨는 끝까지 입고 찍겠다며 고집을 부렸다. 답답한 마음에 벗은 잠바를 갖고 같이 X-ray실에 가자고 했다. 태식 씨의 잠바 주머니에는 현금과 남은 통장 몇 개가 들어 있었다. 묵직한 잠바를 걸치고 있다는 것 자체도 이해가 되지 않았다. 도대체 태식 씨는 왜 돈과 물질에 이토록 집착을 할까? 궁금했지만 알 수 없었다. 다만 자신 외에는 다른 사람들을 믿지 않는다는 것만 확인할 뿐이었다. 태식 씨가 피땀 흘려 돈을 벌었다는 사실과 병이 오기 전까지도 쉬지 않고 일을 했다는 것만 안다. 그렇게 X-ray를 찍고 나자, 가방과 무거운 잠바를 걸치며 괜찮다는 말만 했다. 남들보다 이동시간도 길고, 다리도 절룩거리는데도 몸에 무거운 가방과 잠바만은 자신의 보물 1호인 듯했다.

태식 씨의 집은 이층 단독 주택인데, 차에서 내려 휠체어로 모시고 집 안까지 모셔다 드려야 했다. 차로 집 앞까지 들어가기엔 나무들이 차에 의해 꺾이기 때문에 어쩔 수 없었다. 한번은 할머니께서 차로 집 앞까지 들어오면 좋겠다고 했다. 나무가 부러지고 다쳐도 괜찮다고 말이다. 베스트 드라이버만 운전할 수 있겠다며 우리 직원들은 내심 걱정했다. 그렇게 태식 씨의 집까지 가기 위해선 좁은 돌길 위를 지나쳐서 나무에 차가 긁히고, 나무도 다치게 되었다. 과장님은 나무의 가지를 잘라서 조금이나마 나무가 다치지 않게 했다. 며칠 후 태식 씨의 딸이 전화가 왔다. 왜 나무를 잘랐냐며 다짜고짜 따졌다. 상황을 설명하고 집 앞까지 모셔다 달라고 해서 어쩔 수 없었다고 설명했다. 딸은 너무한 거 아니냐며 화를 냈다. 할머니가 집 앞까지 모셔다 달라고 해서 최선의 방법을 선택한 거라고 설명했다. 하지만 딸은 막무가내로 언성을 높였다. 노인들 말을 들은 우리들을 무지한 걸로 생각했다. 이기적인 딸을 이해할 수가 없었다.

태식 씨 역시 자기만 생각하는 행동을 보일 때가 있다. 작은 것조차도 손해 보지 않으려 한다. 한번은 간식으로 고구마가 나왔다. 태식 씨는 왜 남들은 고구마 크기가 큰데 본인 거는 작다며 바꿔 달라고 했다. 그 뒤로 무조건 크고 좋은 건 태식 씨의 차지가 되었다. 인지가 있는 태식 씨는 작은 거 하나도 양보라는 게 없다. 어떤 날은 간식으로 옥수수가 나왔는데, 태식 씨가 간식을 먹은 후 화장실에 갔다. 직원은 당연히 다 드셨을 거로 생각하고 간식 그릇을 치웠다. 태식 씨는 화장실에서 나와 아직 덜 먹었는데 왜 접시를 가져갔냐며 고래고래 소리를 질렀다. 결국 새 옥수수 한 개를 더 드렸다.

식사 시간에도, 간식 시간에도 태식 씨는 욕심이 많다. 남들보다 더 많이, 더 좋은 걸 바랬다. 다른 어르신들은 내가 안 먹어도 되니, 저분 드리라며 양보한다. 태식 씨를 보면서 안타까움이 느껴졌다. 태식 씨는 한 달에 한 번 센터에 수납할 때도 직접 잠바에서 돈을 꺼내 담당자에게 직접 준다. 직원이 전달한다고 해도 거절했다. 더 놀라운 건 정확한 날짜인 30일에 돈을 납부했다. 태식 씨는 내가 있는 1년 동안 정확한 날짜에 담당자에게만 돈을 납부했다. 그걸 보니 태식 씨는 한평생 돈에 대한 집착이 심했을 거라 생각이 들었다. 돈을 쓸 줄 모르고 모으다 보니 그 돈이 없어지면 어쩌나 걱정만 하는 것이다. 가족인 할머니조차 이해할 수 없다고 했다. 병원도 가지 않고 자기 몸도 돌보지 않은 채 통장에 집착하는 자기 남편을 말이다. 이제껏 단 한 번도 할머니에게 통장을 공개한 적이 없다는 것도 놀라웠다. 할머니는 생활비를 주는 대로 받아쓰고 있었고, 나머지 재산은 할아버지가 관리한다고 했다.

태식 씨의 딸은 혼자 사는 노처녀다. 노처녀로 살면서 어쩌다 한 번씩 부모님 댁에 오는 거 같았다. 딸조차도 자신의 아버지가 왜 이리 통장을 들고 다니는지 모른다고 했다. 어느 날, 태식 씨가 소변 실수를 했다. 센터에서 뿐 아니라 집에 이불에도 실수를 한다며 할머니께서 걱정했다. 본인은 힘도 없어서 이불 빨래 몇 개씩 하기도 힘들다고 말이다. 우리는 집에 오는 요양보호사 선생님을 소개해 주겠다고 했지만 태식 씨는 강력하게 반대했다. 그 뒤로 태식 씨는 기저귀를 차고 다녔고, 다리 절뚝거리는 증상은 악화하고 있었다. 비대칭으로 지팡이를 짚다 보니 허리통증까지 심해졌다. 병원은 거부하고 무조건 침대에 누워 있겠다며 떼를 썼다. 지쳐가는 보호자들이 안쓰러워 하루는 내가 태식 씨에게 조심스레 이야기했다. 병원에 가야 하는 이유와 병원에 가면 지금의 상황보다 더 나을 거란 설명을 했다. 집에 가서도 딸이 설득해서 병원 가자며 몇 번의 말을 했던 터였다.

며칠 후 태식 씨가 집을 나갔다며 보호자에게 전화가 왔다. 병원에 가자고 했더니 화를 내며 새벽에 집을 나갔다는 것이다. 역시나 큼직한 가방 하나를 들고 말이다. 태식 씨는 병원에 들어가면 다시는 자기가 밖에 나오지 못한다는 생각에 내심 불안했던 모양이었다. 태식 씨에게 병원은 치료보다 자신을 감금시키는 감옥과 같은 곳이라 생각했던 것 같다. 태식 씨는 한나절을 헤매다 그날 오후 집으로 들어왔다. 태식 씨의 몸 상태는 점점 안 좋아졌고, 급기야 욕창까지 발생하게 되었다. 결국 태식 씨는 강제로 병원에 갔다. 그날 할머니는 할아버지가 불쌍해서 어쩌냐며 울면서 전화하며 입원할 때도 그 많은 통장을 가방에 들고 갔다고 했다.

태식 씨의 살아온 삶에는 어떤 아픔과 기억이 남아 있을까? 그날 태식 씨를 생각하면서 많은 생각이 들었다. 이제는 태식 씨는 그 가방을 놓아야 할 때가 되었다. 태식 씨의 목숨 같던 그 가방은 태식 씨에게 어떤 의미일까? 왜 평생 돈을 짊어지고 살아야만 했을까? 삶의 고단한 하루가 끝나 갈 무렵 나는 돈의 속성에 대해 생각해 보았다. 죽어서 가져갈 수도, 있어도 쓰지도 못하는 돈이 무슨 소용이 있겠는가? 태식 씨는 그렇게 병원에 입원했다. 가방을 갖고 말이다.

가끔씩 태식 씨 생각이 난다. 태식 씨는 죽음 앞에서 그 가방이 아무것도 아니라는 걸 느꼈을까? 아무것도 없이 태어난 우리의 삶 또한 이제는 아무것도 없이 떠나야 한다는 사실을 말이다.
인생…, 참 슬프다.

7. 순자 씨의 생각하는 하루

자그마한 체구에 웃음이 많은 순자 씨는 혈관성 치매다. 내가 처음 왔을 때 눈도 크고 코 오똑하고 입술도 앵두라며 과분한 칭찬을 해댔다.
"어디서 이렇게 예쁜 아가씨가 왔어?"
나는 그 말을 듣고 기분이 너무 좋아서 재차 확인했다.
"제가 아가씨처럼 보이죠?"
순자 씨는 밥 먹을 때마다 '밥이 보약'이라고 한다. 그런데 막상 식사 시간이 되면 자신은 밥 한 수저도 드시지 않는다. 처음에는 '아침을 많이 드셨나?'라고 생각했는데, 그다음 날도 자신은 밥을 안 드시며 남에게는 밥을 먹으라고 말한다.
보호자 상담을 통해 순자 씨가 식사를 많이 하지 않는다는 걸 알았다. 집에서도 속이 안 좋다며 먹는 걸 거부한단다. 그래도 배꼽시계가 울릴 텐데 내심 걱정됐다. 그다음 날도 순자 씨는 집에서 많이 먹고 왔다는 말만 반복하며, 먹는 시늉만 했다. 슬그머니 걱정이 되었다. 보호자와 상의 끝에 병원에 모시고 갔더니 위염에 위궤양까지 있었다. 약을 받아 와서 증상이 호전되면서 조금씩 드시긴 했으나, 여전히 한 수저 정도 드신 후 식사를 거부하며 같은 말만 반복했다.

"내 속이 지랄 같아서요. 안 먹을래요."

사실 순자 씨는 치매 환자다 보니 의사소통이 정확하지가 않다. 어느 때는 배가 부르다고 했다가 또 배가 고프다고 했다가, 이랬다저랬다 한다. 억지로 한 수저 드리면 뱉기에 바빴다. 보호자 말로는 집에 가서는 밥을 주지 않는다며 불평을 하기도 한다고 했다.

순자 씨에게 뭔가를 조금이라도 먹이기 위해 우리는 이것저것 가져다 드렸다. 몇 번의 실패 끝에 순자 씨가 좋아하는 반찬을 찾아냈다. 재래 김이 나온 날, 순자 씨는 김을 간장에 찍어 처음으로 식사다운 식사를 했다. 물론 많은 양은 아니었지만 다른 날보다 식사량이 늘었다. 그날부터 우리는 김을 챙겨 두고 순자 씨에게 주었다. 순자 씨는 김을 먹으면서 과거 자신이 김을 좋아했다며 이야기보따리를 술술 풀어냈다.

"옛날에는 먹을 게 없어서 물로 배 채우며 살았어. 전쟁터에 나간 영감이 돌아오지 않아서 밤새 잠을 이루지 못했지. 애들에게 먹일 것이 없어서 김에 밥을 싸서 주는 게 최고의 밥상이었지."

그래서인지 순자 씨가 유일하게 좋아하는 건 마른 김이었다. 김이 나온 날에는 순자 씨에게는 고봉밥으로 드린다. 그래도 날마다 김만 드릴 수 없었기에 다른 반찬도 함께 드리는 데 거부했다. 다행인 건 간식으로 나온 빵과 요구르트, 요플레, 고구마, 부침개 등은 잘 드셨다는 것이다.

"왜 식사를 안 하세요? 어르신이 식사를 안 하니 걱정이 되네요."

옆에서 걱정스러운 눈빛으로 조심스레 물었더니, "하하하!" 웃으면서 말한다. 순자 씨의 웃음소리는 참 정감이 간다.

"이렇게 걱정도 해 주고, 고맙구려. 하하, 아가씨나 많이 드세요."

순자 씨는 아직도 나에게 아가씨라는 호칭을 쓴다. 몇 번을 아줌마라고 해도 웃으며 말한다.

"어디를 봐서 아줌마야? 딱 봐도 아가씨구먼."

나에게는 기분 좋은 소리지만 옆에 계신 다른 분들은 어이없다는 표정이다.

어느 날 옆의 어르신들이 장기를 두다가 서로 자기의 말이 맞다며 언성을 높였다. 그걸 보던 옆에 있던 순자 씨가 큰 소리로 훈계하듯 쏘아붙였다.

"뭐 그리 잘났다고 언성을 높여요? 지는 것이 이기는 것이에요. 인생에서 큰소리치며 사는 사람이 이기는 게 아니구요. 결국은 지는 사람이 마음이 편한 거거든. 큰소리치며 할 말 다한 사람은 마음이 불편하게 되어 있어요. 사람은 지면서 살아야 하는 거예요. 지는 사람이 결국은 이기는 거예요. 할 말 다 하고 큰소리치는 사람은 두 발 뻗고 잘 수가 없어요. 인간이 할 말 다 하고 살면 안 돼요. 참고, 인내하고, 이겨 내야지 성숙해지는 거예요. 맨날 큰소리치는 사람은 인간이 덜 돼서 그래요. 인생은 그렇게 사는 거예요."

'지는 것이 이기는 것이다.'라는 명언을 쏟아 낸 그날 나는 순자 씨의 말에 교훈을 얻었다. 순자 씨는 그 후로도 몇 가지 명언을 더 남겼다.

"말 못하는 사람이 어디 있냐? 뚫린 입이라고 내뱉으면 안 된다. 남에게 상처 주며 살지 말자."

"잘 익은 벼가 고개를 숙이는 법이다. 잘난 체하며 살지 마라. 이 세상에 못난 사람이 어디 있냐? 다들 똑같은 인생인데 자기만 잘났다며 살면 안 된다. 인생 살아 보면 별거 없다."

순자 씨의 옆의 어르신은 늘 하늘나라로 가야 한다는 말을 종종 한다. 그런 어르신을 보며 순자 씨는 한마디 쏘아붙인다.

"그래도 저승보다 이승이 더 나아요. 왜 자꾸 그런 말을 해요? 사는 데까지 최선을 다해 살아야지. 인생 목숨 내 마음대로 되지 않거든."

한 번씩 훈계하듯 이야기하지만, 순자 씨는 옆의 어르신에게 지금 사는 것에 감사하라며 조언했다. 순자 씨는 한 번씩 일본 놈은 나쁜 새끼라고 한다. 자신의 신랑을 강제로 데리고 갔다며 욕을 퍼붓는다. "나쁜 놈들, 나쁜 놈들!"을 몇 번씩 되뇌는 순자 씨를 보면 때론 우리가 배웠던 역사의 한 장면의 가슴 아픈 주인공을 보는 듯했다.

오늘은 센터에서 자장면과 탕수육을 시켰다. 순자 씨는 자장면을 너무 잘 드신다.

"밥은 안 드시면서 자장면은 좋아하시나 봐요?"

말없이 한 그릇을 다 드시더니 마지막 한마디를 내뱉는다.

"밥이 보약이야. 잘 먹어야 돼. 인생 뭐 있나? 다 똑같지. 힘들어도 참고 사는 게 인생이야."

 오늘 새로운 사실을 알았다. 순자 씨는 밥보다 자장면을 좋아한다. 순자 씨가 안 먹는 게 아니라, 입맛이 까다롭다는 사실을 말이다. 앞으로는 순자 씨가 좋아하는 김과 자장면을 자주 대접해야겠다.

 "우리의 인생 별거 없어. 지는 게 이기는 거야. 겸손하게 살아."
 이 말들을 가슴에 새기며 살아야겠다. 지금은 비록 치매를 앓고 있지만, 우리보다 더 나은 삶에 대한 태도를 갖고 있다는 생각이 들었다. 작은 것에 흥분하고 남보다 더 오르기 위해 경쟁하고, 늘 불평불만인 우리들보다 더 낫다는 말이다. 치매 그까짓 게 뭐라고 사람들은 무서운 병이라 생각한다. 어쩌면 현대인들은 더 심한 불치병에 걸렸는지도 모를 일이다.
 경쟁 병, 이기는 병, 욕심 병, 걱정 병, 시기 질투 병….

8. 우중 씨의 건강한 하루

 우중 씨는 우리 센터에서 제일 큰 형님이다. 나이는 92세. 그는 오늘도 운동 중이다. 앉았다 섰다를 반복하며 다리 운동도 하고 손 운동도 한다. 우중 씨는 귀가 들리지 않아 보청기 2개를 하고서야 겨우 의사소통이 된다. 92세지만 다리도 짱짱하고 힘도 세고, 누가 봐도 70대라 해도 믿을 것이다. 우중 씨는 지팡이 없이도 걷고 뛸 정도로 체력이 좋다.
 우중 씨의 건강 비법이 궁금해서 몇 날 며칠 동안 들여다봤다. 우중 씨는 밥과 반찬을 전혀 남기지 않고 다 드신다. 입맛에 안 맞는 반찬이 있을 법도 한데 식판이 늘 깨끗하다. 그뿐만 아니라, 늘 웃으면서 농담을 건넨다. 뿔테 안경 사이로 작은 눈과 의치를 보이며 환하게 미소를 짓는다. 우중 씨는 오늘도 일찍 와서 운동을 시작한다. 자전거를 스피드하게 타시길래 운동을 잘한다고 했더니, 귀신 잡는 해병대 출신이라며 이 정도는 운동도 아니라고 했다. 추운 겨울날 해병대에서 훈련받고 두들겨 맞는 게 일상이어서 그런지 몸의 근육이 단단하다며 웃는다. 몇십 리를 걷고 뛰며 궂은 날씨에도 쉬지 않고 힘든 훈련을 견디다 보니 힘이 장사란다. 자신의 근육을 만져 보라며 손을 내민다. 나는 당황하며 웃었지만 우중 씨의 당당한 모습에 놀라지 않을 수 없다. 국가유공자인 우중 씨는 과거에 젊은 남자들은 무조건 전쟁터에 끌려갔다며 지금은 살기 좋은 대한민국이라고 했다. 배고파서 풀을 쑤어서 밥을 먹었다며 살기 어려웠던 과거를 이야기했다. 그런 우중 씨에게 밥을 남긴다거나 음식을 남긴다는 건 있을 수 없는 일이었다. 옆의 어르신들이 음식을 남기면, 우중 씨는 왜 다 안 먹냐며 훈계를 했다. 구순이 넘은 노인에게는 이 음식을 볼 때마다 과거 못 먹고살았던 아픔이 생각나는 듯했다.

우중 씨는 늘 예의를 중요시하며 인사를 잘해야 한다고 했다. 한번은 내가 우중 씨에게 인사를 못한 적이 있는데, 그날 된통 혼이 났다. 일이 있어서 밖에 외근을 다녀오느라 정신이 없었는데 점심때가 되어서야 나타나서 인사하냐며 뭐라 하셨다. 오자마자 바로 인사를 해야지, 사람은 인사가 기본이라며 몇 분 동안 훈계를 들었다. 그뿐만 아니라, 옷도 단정하지 못하면 쓴소리를 해댔다. 한번은 치마를 입고 갔는데, 우중 씨의 눈에는 그 옷이 단정하게 보이지 않았던 모양이다. 여자는 자기 몸을 잘 단속해야 하는데, 치마가 주렁주렁하다며 뭐라 하셨다. 처음에는 '왜 그러지?'라는 생각을 했는데, 겪어 볼수록 우중 씨는 옛날의 삶의 방식에 익숙해져 있었다.

치마도 무릎 아래로 내려온 것 입어라, 걸을 때도 천천히 걸어라, 머리도 하나로 묶어서 단정하게 하라, 인사도 공손하게 하라…, 이것저것 지적하는 게 참 많다. 하루는 내가 웃으며 말했다.

"우중 씨 같은 시아버지 만났더라면 큰일 날 뻔했어요."

"왜?"

"아직도 전통적인 삶을 고집하시잖아요."

"옛것이 좋은 거야. 지금의 젊은이들이 걱정이야. 여자가 너무 드세면 안 돼. 남자를 존중하고 대접할 줄 알아야 해. 그래야 남자도 밖에서 일을 잘하고 들어오는 법이야. 남편에게 잘해야 돼. 남편 밥도 안 챙겨 주고 큰소리 떵떵 치는 여자들은 못써."

여자들이 보면 기가 막힐 노릇이겠지만, 나는 한편으로 맞는 말이라 생각했다. 시대가 바뀌어서 여자도 사회생활을 한다지만, 그 집안의 가장을 존중하라는 말은 맞는 말이었다. 어쩌면 살아온 삶의 방식만 다를 뿐 우중 씨의 한마디 한마디는 큰 가르침을 주었다.

그날 이후 나는 헐렁한 치마와 짧은 치마를 입지 않는다. 걸을 때도 팔자걸음이 아닌 몸에 긴장을 하고 걷게 되었다. 특히 우중 씨가 볼 때면 더욱더 말이다. 우중 씨는 그런 나를 보면서 "우리 간호사가 최고야."라며 엄지척을 해 준다.

 한 번씩 우중 씨에게 가서 옛날에는 어땠는지 물어본다. 그러면 알지도 못하는 때의 이야기를 해댄다. 지금은 아스팔트로 변했지만 예전에는 배를 타고 물건을 사러 다녔다는 이야기부터, 가마솥에 추어탕을 끓여서 나누어 먹었다는 이야기까지 다양하다. 그런 우중 씨에게 지금의 도시는 어쩌면 이기적이고 폐쇄적으로 보이지 않을까 생각된다. 풍족한 삶과 냉정한 현실은 옛 문화와는 또 다를 테니 말이다.

 우중 씨는 오늘도 나에게 큰소리로 물어본다.

 "남편 밥은 해 주고 왔어?"

 웃으며 오늘은 빵과 우유를 준비해 줬다고 했다가 또 한소리를 들었다.

 "쯧쯧, 일찍 일어나서 밥을 해 줘야지."

 우중 씨의 화낸 표정도 어쩌면 다 나를 위한 거라 생각하니 웃음이 나온다. 우리의 산 증인인 우중 씨가 건강히 오래 사셨으면 좋겠다.

 오늘은 우중 씨가 파스 좀 붙여 달라며 윗옷을 벗으셨다. 아직도 근육질의 몸매에 배가 나오는 모습을 보며 나는 그만 웃음을 터뜨렸다. 순수하고 귀여운 우중 씨의 모습이다. 나이를 먹으면 다시 아기가 된다는 말이 맞는 말이었다. 우중 씨의 허리에 파스를 붙이고 한마디 쏘아붙였다.

 "아프면 어떡해요? 100세 넘어서까지 살려면 몸 관리 잘해야죠!"

 그랬더니 운동을 심하게 해서 아픈 거라며 웃는다.

 아직도 이팔청춘인 우중 씨를 보며 내 몸 관리나 잘해야겠다. 몸 나이는 우중 씨보다 내가 더 늙어 보이니 말이다.

9. 부와 권력을 가진 자의 하루

우리는 부와 권력이 최고라고 생각하는 시대에 살고 있다. 그런 사람은 하루를 어떻게 살아갈까? 병원 생활 18년 동안 많은 병원장, 의사, 부장들, 과장들을 만나 봤지만 그 사람들이 부와 권력자라는 생각을 해 본 적이 없다. 겉으로는 평범한 사람과 비슷해 보였기 때문이다. 끼니를 거르며 환자 보느라 뒤늦게 빵과 우유를 먹고, 외제 차보단 건강을 위해 자전거를 타고 출퇴근하는 의사들도 몇몇 눈에 띄었다. 물론 평범한 사람이 버는 한 달 월급보단 훨씬 많을 테고 부자 동네의 아파트에 살 것이라 추측해 본다. 다만 겉모습은 평범한 월급쟁이와 다를 게 없어 보였다.

우리가 생각하는 부와 권력을 가진 사람들은 누구일까? 대표적인 인물로 대기업 총수나, 그분들의 자녀들 그리고 잘나가는 연예인 정도가 떠오른다. 그분들의 하루는 어떨까? 식사는 호화스러운 호텔에서 여유 있게 먹을까? 집에 비서들은 몇 명씩 있을까? 명품관을 제 집 드나들 듯 할까? 시간과 돈에서 자유로운 그들의 삶은 행복할까? 한 번씩 뉴스에서 잘나가던 연예인, 기업 총수가 프로포폴 투약 혐의, 마약 혐의로 조사 중이라는 뉴스를 본다. 남의 부러움을 자아낸 그들이 왜 그럴까? 그들의 삶도 행복하지 않은 걸까? 우리가 알지 못하는 또 다른 세계가 있는 걸까? 나는 그런 부와 권력자들을 만나 본 적이 없어서 알 수가 없다. 다만 그들도 우리처럼 똑같은 하루라는 시간을 살아간다는 것은 똑같다. 그들은 언제까지나 부와 권력을 쥐고 있을 수 있을까? 그들은 언제까지나

화려한 삶을 살 수 있을까? 그들은 지금 행복할까? 궁금증이 생긴다.

과거에 부와 권력을 가진 사람도 어느 날 치매 환자가 되었다. 과거에 화려한 삶을 살았던 사람인데도 지금은 가족도 몰라본다. 과거에 행복했던 사람도 지금은 죽고 싶다고 외친다. 다만 공평한 건 누구나 하루라는 시간을 살았다는 것이다.

간호사로서 치매 환자들을 보면서 그런 생각이 들었다. 저분들도 과거에 부와 권력을 갖고 살았던 사람이었다. 건물주였던 사람도 있고, 공무원이었던 사람도 있고, CEO도 있다. 다만 지금은 자신의 과거조차 기억하지 못한 치매 환자가 되었다. 인생이 허무하다는 생각이 든다. 부와 권력을 쥐고 평생 행복할 줄 알았는데, 영원할 줄 알았을 텐데, 더 높은 자리에 올라가기 위해 끊임없이 노력하느라 마음 편한 날이 없었을 텐데…, 지금은 과거의 자신을 기억조차 하지 못한다.

그리고 그들은 죽음을 앞두고 이렇게 이야기한다. 부와 권력이 인생의 전부가 아니라고 말이다. 그때 조금은 내려놓을 줄도 알았어야 했다고. 더 많은 걸 쥐기 위해 마음 편한 날이 없었는데 그때 마음의 여유도 가질 줄 알았어야 했고, 쉴 시간도 없어 가족을 돌보지 못했는데 그때 주위도 둘러봤어야 했다고…. 그 말은 부와 권력을 쟁취하기 위해 앞만 보고 달린 자신의 인생이 행복하지 않았다는 말이기도 했다. 지금의 자신은 아무것도 가진 것 없는 치매 환자이기 때문이다.

부와 권력이 최고라 생각하는 사람들 중 일부가 자신의 권력을 이용해 가정부나 운전기사들에게 갑질을 해서 논란이 일었다. 사회적 약자를 자신의 권력 앞에 무릎을 꿇리는 걸 대단하게 여기며, 타인의 인권을 무시한 채 행동하는 사람들을 볼 때마다 많은 사람들이 지탄한다. 물론 부와 권력을 이용해 더 좋은 사회를 만들기 위해 노력하는 사람도 많다. 책을 통해 알게 된 어느 회장님의 경우는 자신의 부와 권력을 무료 강의와 직원들의 복지에 힘쓰고 있다. 자신이 회장이기 전에 직원들이 주인이라는 신념으로 살아간다. 본받을 점이 많은 회장님이라는 생각이 든다. 사회에 많은 재산을 환원하는 CEO들을 보면서도 느낀 점이 많다. 땀 흘려 벌어들인 재산을 사회에 환원한다는 건 인생의 진정한 의미를 아는 게 아닐까? 어차피 왔다가 가는 인생 모든 걸 내려놓겠다는 자세로 그 많은 부를 자기 자식에게 주지 않고 사회에 환원하는 분들을 보면서 그분들이야말로 진정한 인생을 살다 가는 게 아닐까 생각해 본다. 그분들의 하루는 땀과 노력으로 맺은 결실이었을 것이다. 똑같은 부와 권력을 가졌어도 어떻게 그걸 사용하는지에 따라 행복과 불행의 길이 갈린다. 부와 권력을 꼭 쥔 채 더 많은 욕심 부리는 삶은 훗날 후회를 남기게 된다. 부와 권력을 사회에 환원하며 하루를 겸손하게 사는 삶은 훗날 존경을 받게 된다.

내가 있는 이곳의 어르신 중 한 분은 과거에 CEO로서 잘나가는 기업의 사장이었다. 그렇게 주위 부러울 거 없이 살았는데, 어느 날 치매 진단을 받게 되었다. 했던 말을 반복하고, 거동도 불편하고, 시간과 날짜도 알지 못했다. 두 아들은 매일 아침 식사도 같이하고 센터 차를 탈 때도 늘 모시고 나왔다. 시간이 흐를수록 어르신의 상태는 호전되지 않고 몸은 말을 듣지 않았다. 그 많은 재산을 아들들에게 넘겨주고 나서 어르신은 한마디 하셨다. 인생이 허무하다고 말이다. 시간이 흘러 결국 어르신은 요양원으로 가게 됐다. 과거에 부와 권력을 가진 사람의 하루도 지금은 이렇게 저물어 간다. 우리 인생에서 중요한 게 무엇인지 한 번쯤 생각해 볼 여유를 갖기를 바란다.

10. 가난과 소외된 자의 하루

가난과 소외된 사람들은 주변을 둘러보기만 봐도 쉽게 보인다. 부자와 권력자보다는 오히려 가난하고 소외된 사람들이 우리 주변에 더 많다는 걸 알 수 있다. 몇 년 전, 사회복지사가 되고자 간호사로 일하면서 사회복지학과에 편입했다. 소외되고 가난한 사람과 함께하는 직업이 더 보람될 거란 생각에서다. 사회복지사 실습을 나갈 때 나는 또 다른 세상을 발견할 수 있었다.

내가 일하는 자원봉사 센터는 집수리, 도배부터 시작해서 가난하고 소외된 사람들에게 도움을 주는 곳이었다. 실습 첫날, 난방도 안 되고 따뜻한 물도 안 나와 추위에 떨며 사는 가족이 사는 집을 방문하기로 했다. 나는 실습생이라 큰 도움이 되진 못했지만, 보일러, 난방 전문가들이 적극적으로 나섰다. 전문가 봉사단들이 이것저것을 준비해서 첫 번째 그 집을 방문했고, 나는 그 뒤를 따라갔다. 우리가 방문한 집은 어느 시골 마을의 끝자락에 있는 집이었는데, 집에 들어가자마자 깜짝 놀랐다. 집

안은 그야말로 엉망진창이었다. 바퀴벌레가 여기저기 기어다녔고, 도배를 위해 벽지를 벗기는데 바퀴벌레 새끼들이 떨어졌다. 음식 조리를 전혀 하지 않은 것 같은 싱크대는 곰팡이로 뒤덮여 있었고, 방마다 물건들이 널브러져 있었다. 가족의 힘든 상황을 고스란히 느낄 수 있는 현장이었다. 그 가족은 한때 단란한 삶을 살았지만, 아버지가 갑자기 세상을 떠나고 엄마와 아이들만 남게 되었다. 방 안의 모습만으로도 그들이 겪은 어려움이 그대로 느껴졌다. 전문가들이 도배부터 시작해서 싱크대를 교체하고 집을 수리했다. 실습생인 나는 벽지를 벗기고 풀칠하는 일을 맡았는데, 몸은 고됐지만 한편으로는 뿌듯했다. 이런 열악한 환경에서 살아가는 사람들, 가난과 소외 속에서 하루를 견디는 이들을 보며 여러 감정이 교차했다.

그다음 날은 독거노인의 집을 방문했는데, 냉장고에는 상한 음식이 있었고, 침대는 몇 년 동안 세탁을 하지 않아서 색이 누렇게 바래 있었다. 가족 없이 혼자 사는 노인들의 하루는 마지못해 사는 삶인 듯 보였다. 청소봉사단들과 함께 청소, 빨래를 하고 정리한 후 돌아서는 발걸음이 무거웠다. 고독감의 무게에 눌려 하루를 견디는 그의 삶이 힘겨워 보였다.

그리고 그다음 날은 쪽방촌에 있는 집을 방문했고, 다음 날은 투석을 받으며 힘들게 살아가는 집, 그다음 날은 다 쓰러져 가는 집…, 그렇게 실습하는 동안 우리 사회에서 소외된 가난한 사람들의 하루를 가까이서 지켜볼 수 있었다. 그들에게 살아간다는 건 어떤 의미일까? 많은 걸 느낄 수 있었던 실습 기간이었다.

사실 가난하고 소외된 사람들은 우리가 조금만 눈을 돌려도 많이 보인다. 우리 센터에도 혼자 사시는 어르신이 계신다. 아들딸이 있지만 찾아오지 않는다고 한다. 사느라 바빠서 못 온다고 말하지만, 그 말끝에 묻어 나오는 어르신의 고독함과 외로움은 감출 수 없었다. 그 어르신은 입버릇처럼 이야기한다.

"사는 게 뭔지. 이젠 그만 살고 싶어."

그러면서도 자식들의 상황을 이해하는 듯 말한다.

"지들도 먹고살기 바쁜데…, 나까지 짐이 되면 안 되지."

모진 세월 악착같이 살아왔건만 지금은 남은 게 없다고 한탄하는 그분에게 우리는 저녁 도시락도 싸서 드린다. 사실 그분 주머니에는 늘 비닐봉지가 들어 있다. 센터에서의 식사 후 남은 반찬을 몰래 싸서 가기 위함이다.

그분은 2남매를 키우며 대학 졸업까지 열심히 뒷바라지한 평범한 엄마였다. 아들은 서울로 대학을 보냈고, 현재는 어엿한 교수가 되었단다. 엄마라는 역할에 최선을 다하며 살았는데, 지금은 쓸쓸하고 고독할 뿐이다. 그런 엄마가 자식을 이해하며 자식 편을 든다.

"바빠서 못 오는 거야. 그럼."

나도 가끔 한 번씩 울컥한다. 내 배는 굶주려도 아이들은 배불리 먹이고, 내 영양제보다 아이들 영양제가 먼저였다. 나를 위해 돈을 쓰는 것보다 아이들 학원비가 먼저였고, 내 생일 때는 그냥 지나가면서도 아이들 생일 파티는 잊은 적이 없다. 그렇게 마음을 다해 열심히 살아가지만, 가끔은 인생 참 쓸쓸하다는 생각이 든다.

   요즘 뉴스에 외로운 독거노인이나 안전을 보장받지 못한 쪽방촌 사람들에 관한 뉴스가 자주 나온다. 그분들에게 하루를 살아간다는 건 어떤 의미일까? 나 역시도 하루의 시간이 죽도록 견디기 힘든 순간이 있다. 무엇을 위해 사는지, 왜 살아야 하는지 말이다. 견디다 조금 나아지면 다시 일어서야겠다고 다짐한다. 또 힘들면 이 악물고 견디고, 또 견디고…, 이게 인생이라는 생각이 든다.

   나이 40이 넘은 중년에 이런 생각이 들었다. 그래서 지금 숨 쉬는 이 순간이 감사할 뿐이다. 삶이란 어떻게 될지 모르기 때문이다. 가난하고 소외된 사람들의 하루가 결코 힘든 시간의 지속이 아니길 바란다. 사시사철 소나무처럼 푸르지는 않지만, 잡초처럼 어디서나 자라는 인내의 시간이길 말이다. 그들이 보내는 하루가 많이 아프지 않기를 바란다.

11. 오늘 하루가 특별한 이유

   부자이든 가난한 사람이든 누구에게나 시간은 공평하다. 누구는 더 많은 부를 얻기 위해 하루를 보내고 누구는 생계를 유지하기 위해 하루를 보낸다. 하루를 보내는 시간은 다 똑같다. 다만 무엇을 위해, 어떻게, 왜라는 질문에 답하는 이유만 다르다.

   나 역시 어떤 날은 하루가 죽고 싶을 정도로 힘든 시간이었고, 어떤 날은 감사의 시간이기도 했다. 가족의 병간호로 1년 넘게 병원의 보호자실에서 상주했을 때의 하루하루는 죽을 정도로 힘든 시간이었다. 동료들은 대학병원의 간호사로 취업이 돼서 승승장구의 시간을 보냈다. 반면 나는 하루 종일 눈물로 시간을 보냈다. 죽음의 문턱에서 내가 할 수 있는 일은 하나도 없었다. 그때 내 눈에는 나 빼고 남들은 모두 다 행복하게 보였다. 그런 고통스러운 시간이 지난 후에 나는 삶을 그저 주어진 시간대로 살아서는 안 된다고 생각했다.

 쉽게 돈과 부를 얻은 사람도 있겠지만, 살기 위해 안간힘을 쓰는 사람도 있다. 이런 양면성에서 나는 어떻게 살아야 할까를 늘 고민을 했다. 이왕 하루를 보내는 거 남들보다 더 열심히, 더 부지런히 살면 뭔가 달라지지 않을까? 그래서 아이 셋을 키우며 직장 생활을 하면서도 자격증뿐만 아니라 사회복지학과에 편입도 했다. 하루의 시간을 더 알차게 보내기 위해 부단히 애썼다. 남들이 힘들다는 응급실을 지원해서 가는 건 물론이고, 일부러 밤 근무도 자진해서 했다. 낮에 다른 공부도 하고 자격증도 따며 시간을 보내기 위함이었다. 그것이 내가 하루를 남들과 다르게 보내는 거라 생각했다. 결혼하고 육아를 하면서는 독서를 통해 나를 무장하기 시작했다. 늘 좋기만 할 줄 알았던 결혼 생활도 노력 없이는 평화롭지 않다는 걸 깨달았다. 아이 셋을 키우며 엄마만 바라보는 아이들에게도 최선의 엄마가 되기 위해 노력했다. 현재에 안주하지 않기 위해 계속해서 노력하고 또 노력했다. 그렇게 꾸준하게 독서하고 글을 쓰고 드디어 출간까지 했다. 일하며 육아하고, 틈내서 독서하고, 책을 출간하기까지 쉽지 않았지만 하루의 시간을 남들보다 두 배로 노력하며 보냈다고 생각한다. 물론 성공이나 부가 따르지는 않았지만 내 삶이 평범해지는 것을 거부한 시간이었다. 나에게 하루의 시간은 단순히 물 흐르듯 그냥 흘러가는 시간이 아니라 삶의 의미 있는 시간이기 때문이다. 현재는 독서와 책 쓰기가 습관이 되었고, 그것이 나의 삶의 원동력이 되었다. 작은 나의 하루하루가 모여 현재의 나를 이루었다.

 인생을 살면서 누구나 힘든 시간들이 있다. 나 역시도 그런 시간들을 보냈다. 엄마의 병환으로 늘 우울했다. 학창 시절에 남들처럼 엄마 품에 안겨 살아 본 적이 없다. 그때 선생님들은 엄마의 치마폭에 사는 아이들에게만 잘해 주었다. 그래서 기가 죽을 수밖에 없는 환경이었다. 입학식과 졸업식에도 자장면 한 그릇 먹지 못했다. 성인이 된 후에도 가족의 병으로 또 한 번 우울한 시간을 보냈다. 다른 사람들에게는 지극히 평범했던 순간들이 나에게는 그토록 어려웠던 것이었다. 직장인이 되어도 남들보다 힘든 부서에서 악착같이 버텼다. 결혼 후는 아이 셋을 낳고 엄마가 되면서 보내는 육아 시기 또한 힘든 시간이었다.

 지금 중년이 된 나는 인생이 무엇일까, 삶이란 무엇인가를 생각해 본다. 지금 내가 근무하는 곳의 치매 어르신들을 보면서 나는 많은 걸 느끼며 살고 있다. 부와 권력을 얻고 성공한 사람도 치매라는 병 앞에서는 아무 부질없는 게 인생이라고 말이다. 가난하고 소외된 사람도 하루가 결코 고된 시간만은 아니라는 걸 말이다. 우리에게 가장 중요한 순간은 바로 지금이다. 지금의 나에게 하루의 시간을 살면서 내가 느낀 건 바로 이것이다. 하루라는 이 시간은 다시 절대 오지 않는다. 이 순간을 소중히 살아라. 오늘이 힘들어도 나는 오늘 하루가 소중하다. 지금 있는 그대로가 소중하다. 이걸 깨닫기 위해 나는 지금까지 아픔과 고통을 견디며 살지 않았나 생각해 본다.

 이 사실을 깨닫기 전까지는 나는 모든 게 불만이었다. 남들은 시집도 잘 가서 일 안 하고 골프나 치고 다니는데, 남들은 명품관에 가서 가방도 쉽게 사는데…, 남들은 몸매 관리하고 피부 관리하러 다니는데…, 팔자 좋은 여자들만 보였다. 남들은 취업도 빽으로 잘도 들어갔다. 회사 생활도 공주 대접받으며 여유롭게 하는 것처럼 보였다. 반면, 나는 독박 육아뿐 아니라 워킹맘으로 늘 힘들게 뛰어다녔다. 명품관은 구경도 못했다. 보세 가방 한 개로 4년 정도를 메고 다닌다. 골프채는 만져 보지도 못했다. 몸매 관리는 이미 늦었고, 피부는 집에서 유통기간 지난 우유로 한 달에 한 번 하는 팩으로 버틴다. 그것도 아까워서 유통기간 2~3일 지난 건 내가 마신다.
 IMF 때 대학 병원에 겨우 턱걸이로 들어가서 가장 힘든 과에서 살아남기 위해 몸부림쳤다. 회사 생활 역시 주위 부정적인 사람 탓에 정신도 피곤하다. 내 편이 없어서 혼자 고독하게 견뎌 내는 중이다.

 그래도 오늘 하루가 나에겐 특별하다. 이 시간이 다시 또 오지 않는다는 생각에, 지금의 시간이 훗날 나에게 추억으로 남을 것이란 생각에, 오늘의 이 시간이 소중하다.

나에게 오늘은 특별한 하루다.

12. 내게 남은 마지막 하루

가끔 이런 생각을 해 본다.

'나에게 오늘의 시간만 남는다면, 나는 오늘 하루 어떻게 보내야 할까?'

잘나가던 CEO가 어느 날 심장마비로 죽었다. 힘든 시기를 지내는 연예인이 악플로, 수험생이었던 학생이 스트레스로 자살했다. 부와 권력을 거머쥔 사장이 뇌출혈로 사망했다. 건강하던 아이가 어느 날 백혈병으로 세상을 떠났다. 우리의 인생은 아무도 모른다. 나 역시도 그렇다.

우리 센터의 어르신 중 한 분은 늘 나에게 이렇게 말한다.

"이 힘든 시간도 곧 지나갈 거야. 인생 살아 보니 별거 아니더라. 오르막길도 있지만 내리막길도 있는 거지. 한 치 앞도 모르는 게 인생이야."

그분 역시 젊은 시절 남편을 떠나보내고 4남매를 눈물로 키웠단다. 먹을 게 없어서 보리쌀을 얻어다가 아이들을 먹이고, 자신은 물로 배를 채웠다고 했다. 자식들은 늘 배가 굶주려서 삐쩍 말랐고, 그런 자식들에게 더 먹이기 위해 정작 자신은 굶은 세월이 더 많았단다.

그런 힘든 시간을 보내고 자식들이 하나둘 부모 곁을 떠나서 독립했다. 딸은 좋은데 시집가서 잘살 줄 알았더니 지금은 이혼해서 혼자 산다고 했다. 좋은 대학까지 보내고 취직도 남들 알아주는 대로 했지만, 막상 지금의 인생은 초라하다고, 밤낮 딸 걱정에 한숨도 못 잤다며 어르신이 속앓이를 풀어냈다. 이혼한 게 뭐가 대수라고 울고만 있냐며 딸에게 모질게 채찍질을 했단다. 인생 살다 보면 힘든 시간이 지나간다며 상심한 딸이 다른 마음먹지 못하게 했다는 것이다. 딸은 지금 화장품 회사의 팀장으로 어느 정도 안정된 수입을 벌고 있다고 했다.

그분은 죽을 거 같이 힘든 시간도 다 지나간다고, 하루하루 잘 견디다 보면 그럭저럭 살아진다고, 울고만 있고 신세 한탄만 했다면 어쩔 뻔했겠냐고 이야기한다. 자신도 혼자서 자식들 먹여 살려야겠다는 생각에 죽지 못해 살았다며, 힘든 시간을 견뎌야 사람은 단단해진다고 말한다.

오늘 하루가 나에게 마지막이라면 나는 무얼 해야 할까? 아마도 지금까지 잘 살아온 나를 꼭 껴안아 줄 것이다. 외로운 시간도, 힘겹게 이겨낸 시간도, 열심히 살아온 시간도 나에겐 소중하기 때문이다. 그런 나에게 잘했다고 응원해 줄 것이다. 돈과 권력, 성공을 쟁취하지 못했지만, 쓰러지지 않고 잘 견뎌 온 내가 대견하다. 그래서 나는 하루하루를 마지막처럼 최선을 다한다. 요즘은 저녁 해 질 무렵 자전거를 타고 동네를 한 바퀴 돈다. 나에겐 이 시간이 하루 중 가장 힐링의 시간이다. 나 자신을 돌아보고, 스스로를 응원하고 다독인다. 그래서 내일을 견디는 힘을 비축한다.

하루를 살더라도 최선을 다하며 살고 싶다. 매 순간 그렇게 살아야겠다는 생각이 든다. 학창 시절은 죽기 살기로 공부하고 대학 가서는 취업을 눈앞에 두고 고민에 빠진다. 어렵게 직장에 들어가도 마음 편한 날 없이 산다. 상사한테 후배한테 치여 가며 하루하루를 버틴다. 스트레스는 술로 풀고 인생이 뭐 있냐며 한탄한다. 나 역시도 그렇게 지낸 세월이 있었다. 꼴 보기 싫은 상사가 싫어서 직장 생활이 힘들었고, 경쟁만 하는 동료도 싫고, 치고 올라오는 후배도 싫었다. 유일한 친구가 술이었다. 다음 날 머리는 깨질 듯 아팠고 속은 울렁거렸다. 스트레스는 풀리지 않고 술 먹는 순간만 즐거웠다.

그렇게 술과 작별을 하고 나는 독서로 시간을 보냈다. 지금은 글쓰기도 하고 자전거도 타며 동네 곳곳을 돌아다닌다. 스트레스가 쌓이면 무조건 자전거를 타고 나간다. 그리고 오늘이 마지막인 것처럼 생각하고 생각을 지우는 연습을 한다. 남이 나에게 던진 상처는 잊고 타인의 시선에 목매지 않으려고 한다. 그래서 지금은 여유롭게 생각을 정리하는 습관을 갖게 되었다. 내 삶은 나의 영역이니 말이다.

직장 생활 18년 차가 넘어가니 조금씩 마음의 여유가 생겼다. 아니 마음 근육이 단련됐다. 지금은 직장에 목매지 않고 나 자신을 위한 삶을 살기 위해 노력 중이다. 그래서인지 나는 오늘 하루가 무척이나 소중하다. 책도 써야지, 독서도 하고 자전거도 타야지, 아이들도 보고 남편과 대화도 해야지…, 할 일이 참 많다. 다만 과거와 달리 지금은 마음의 여유가 생겼다. 이건 내 할 일이 줄어든 게 아니라 내가 하루를 마지막처럼 산다는 의미다.

그동안 센터에서 만난 어르신들을 통해 배운 교훈을 다시 생각해 보게 된다.

"인생. 살아 보니 별거 없더라."
"너무 목매어 살지 마라. 힘든 시간 다 지나간다."
"나는 있는 그대로 소중하다. 우리는 모두 다 소중하다."

* * * * *

우리는 모두 힘든 삶을 견디며 사는 중이다. 다만, 힘든 삶 속에서도 살아 내는 게 진정한 삶이다. 나 또한 후회하지 않기 위해, 그리고 소중한 나 자신을 위해 오늘도 인생의 마지막 날처럼 살아가야겠다.

똥으로 그린 그림

– 제5회 장려상 수상작

염성연

악어 힘줄보다 더 질긴, 보이지도 않는 바이러스가 몸과 마음을 4단계로 겹겹이 둘러싼 감옥에 가두어 놓아 숨쉬기조차 힘든 날을 보내고 있었는데, 시원한 선들바람이 수상 소식을 실어다 주었습니다. 숨이 트이는 것 같습니다. 감사합니다.

세상에서 제일 무서운 병이 암이라고 생각했습니다. 집 식구 중에 치매 환자가 발생하자 사람들이 "암에 걸리더라도 치매만은 걸리지 말라."고 하는 말의 뜻을 알 것 같았습니다.

암은 혼자 앓지만, 치매는 온 가족이 함께 앓아야 하는 고통스러운 병입니다. 아니, 환자 본인은 안개 속 미궁에 빠져 어떤 일이 일어나고 있는지 알지도 못하는데 환자 주위의 가족들만 괴롭고 죽을 지경으로 힘들어하는 병인 것 같습니다. 치매 환자 한 사람 때문에 가족 간에 불화가 일어나 가정의 평화가 깨지는 일이 종종 있습니다. 어디에 하소연할 곳도 없고 떠들고 자랑할 일도 못 되어, 당하는 사람만 속이 시커멓게 타서 재가 되고 병들어 갑니다.

귀사에서 이런 속마음을 헤아려 이번 '디멘시아 문학상' 돌봄 수기 부문을 추가해 주셔서 환자 가족과 환자를 돌보는 요양보호사분들의 마음속에 가라앉은 검은 앙금을 털어놓을 수 있는 자리를 마련하고 상까지 주셔서 고맙습니다.

저는 1947년 중국에서 태어나 50년간 중국에서 생활하다가 20여 년 전 대한민국에 귀화하여 수원시에서 살고 있습니다. 어릴 적 꿈이 작가가 되는 것이었으나 제대로 배우지도 못하고 그런 기회도 주어지지 않아 한이 되었습니다. 꿈이 한으로만 남지 않게 하려고 고희의 중턱에 오른 지금, 마지막 힘과 열정을 다 쏟아 문학 공부를 하고 있습니다. 귀사의 돌봄 수기 응모 소식을 접하고도 A4 10장 이상 분량의 긴 글은 써 본 적이 없어서 주저주저하다가 용기를 내어 응모하였습니다. 저에게 이런 기회를 마련해 주시고 많이 부족한 글을 뽑아 상까지 주셔서 다시 한 번 감사드립니다.

햇빛이 온 누리를 비추고 있다. 나뭇잎들에 은가루를 뿌린 듯 눈이 부시다. 살랑살랑 바람이 불 때마다 연녹색으로 변했다가는 은빛으로 반짝이기를 반복한다. 흰 구름이 지나가자 나뭇잎은 다시 짙은 녹색으로 바뀐다. 갑자기 천지가 회색빛으로 되었다. 매지구름이 검은 솜뭉치처럼 뭉게뭉게 하늘을 덮고 있다. 빗줄기가 예고도 없이 땅바닥에 수없이 많은 화살을 꽂아 놓았다. 하늘이 두 동강이 난다. 금빛 비수가 땅에 깊숙이 박혔다. 꽈르릉 소리와 함께 검은 구름은 사라지고 태양이 금방 세수를 마친 소녀의 얼굴을 하고 헤실헤실 웃고 있다. 나뭇잎에 매달린 물방울은 유리구슬처럼 아롱지고 하늘에는 무지개가 다리를 놓았다. 누구에게 보내 준 하늘다리일까? 거메졌다가 푸르렀다 하는 하늘을 물끄러미 바라보노라니 변덕스러운 치매 환자를 닮았다는 생각이 스멀스멀 기어오른다. '쾅, 쾅쾅!' 문 두드리는 소리가 하늘의 조화 속에 빠져들었던 나를 깨워 주었다.

초인종을 누르지도 않고 요란하게 문을 두드리는 사람은 누구일까? 출입문을 열었더니 퉁퉁 부어오른 시뻘건 얼굴을 한 시누이가 들이닥쳤다.
"어떻게 이럴 수가 있어요? 올케언니가 어떻게 이럴 수가!"
"무슨 일인데요? 아가씨."
"우리 엄마에게 어떻게 이럴 수가 있어요? 어떻게!"
나를 쏘아보는 시누이 눈에서 불이 뚝뚝 떨어지고 있었다.
"나 원 참, 웬일인데 이래요?"
"그래도 시치미를 뗄 거요?"
"시치미는 무슨 시치미, 천천히 말해 봐요."

같은 말만 반복해 퍼붓는 시누이 입에서 게거품이 부글부글 밀려 나오고 있었다.

"천천히 이야기해요, 무슨 일인데요?"

"몰라서 물어요? 언니가 우리 엄마에게 밥을 주지 않고 굶긴다는 얘기가 온 동네에 파다한데."

"나 참, 무슨 말씀을 그렇게 섭섭하게 하세요. 먹을 것이 넘쳐나는 지금 세상에 어머님을 굶기다니요. 그렇지 않아도 아가씨와 상의할 참이었어요. 어머님의 치매 때문에요."

"뭐요? 치매라니, 깔끔하고 명석한 우리 엄마가 어떻게 치매란 말이에요?"

"내 말 좀 들어봐요, 아가씨!"

"듣고 자시고 할 것도 없어요. 하다 하다 이젠 치매로 몰고 갈 거예요?"

나는 시누이의 손을 잡아 소파에 앉히고 따뜻한 보리차 한 잔을 따라다 권하였다. 시누이 마음이 가라앉기를 기다려 이야기를 시작했다.

어머님이 치매 증세를 보이기 시작한 것은 몇 개월 전부터였다. 건망증이 심하여 물건을 손에 들고도 찾거나, 찾아 헤매던 물건이 냉장고에서 나타나 웃고 지나쳤었는데 점점 엉뚱한 행동을 시작했다. 금방 식사를 마치고 설거지도 끝나지 않았는데, "왜 밥을 안 주나?"고 하는가 하면 가끔 나보고 "아줌마는 뉘세요? 우리 집에 왜 왔어?" 하신다. 모시고 병원에 가서 검사해 보았더니 치매가 확실했다. 예상은 하면서도 아니라는 결과가 나오기를 기다렸던 가슴에 '쿵!' 하고 무거운 돌덩이가 떨어지는 것 같았다. 어머님을 모시고 병원을 나서는데 하늘이 노랗다. 그날부터 나는 치매에 관한 서적을 찾아보고 먼저 이런 일을 겪은 지인들의 이야기도 들어보았다. 모두 다 암보다 무서운 치매라고 했다. 들을수록 가슴이 답답해지고 찾을수록 더 깊은 심산협곡에 빠지는 것 같았다. 궁여지책으로 요양보호사 자격증이라도 따서 어머님을 제대로 돌보고 싶었다.

"아가씨, 치매에 대해 공부를 해야 하겠어요. 기본 지식을 알아야 어머님의 병세를 조금이라도 늦출 수 있지 않을까요. 아가씨가 하루 반나절만 집에 오셔서 어머님하고 시간을 보내는 게 어때요, 그동안 아가씨는 어머님이 치매에 걸린 것이 확실한가를 확인도 해 보시고요."

시누이는 그렇게 하는 데 동의하였다. 나는 요양보호사 시험을 보려고 학원에 등록하고 공부를 시작했다. 육십이 넘어 공부한다는 것이 쉽지 않았다. 처음 듣는 의학용어가 수두룩한데, 영어로 된 명칭은 더욱 많았다. 가을에 보는 시험을 치르기 위해 삼복더위에도 엉덩이에 땀띠가 돋도록 열심히 공부했다. 특히 치매 요양보호 기술 과목은 더 공을 들였다. 집에 돌아와서는 그날 배운 지식과 어머님의 아픈 증세를 비교해 보며 어머님에게 알맞은 요양방법을 모색하려고 애썼다.

한 달 남짓 이론 공부가 끝나고 일주일간의 기본요양 실습이 있었다. 실습이 끝난 후 나는 일주일간의 치매 요양기술 실습을 더 요청하였다. 첫 주의 실습은 무난히 마쳤지만, 두 번째 주 실습은 첫날부터 쉽지 않았다.

환자들의 아침 식사를 도와주고 설거지할 그릇들을 주방으로 가져가고 있는데, 휴게실에서 시끄러운 소리가 들렸다. 부랴부랴 달려가 보니 휠체어에 앉은 이 노인이 손목을 붙잡고 아프다고 소리 지르고 있었다. 팔을 보니 새빨간 피가 당장 솟아오를 듯, 이빨 자국이 깊숙이 나 있었다. 이 노인은 손가락으로 김 노인을 가리키며 김 노인이 깨물었다고 말하였다. 나는 김 노인의 손을 잡고 조용히 물었다.

"어르신, 왜 이 할아버지의 팔목을 깨물었어요?"

"아니야, 나는 깨물지 않았어. 나에게 깨물 이빨이나 있어야 깨물지. 봐요, 봐."

김 노인은 내 손을 뿌리치고 입을 크게 벌려 나에게 보여 주었다. 입안을 들여다보니 부서지고 절반가량 남은 이빨 한 대가 외롭게 대문을 지키고 서 있었다. 이 노인은 김 노인의 볼에 붙은 밥알을 떼어 주려다가 봉변을 당한 것이었다.

이런 시비를 어떻게 가려야 할지 한숨이 절로 나왔다. 어떤 판사라도 제대로 판결하지 못할 것이 분명했다. 요양보호사인 나에게는 그분들을 따뜻하게 보살피고 인간으로서의 존엄을 지켜 주는 의무가 있을 뿐, 야단치거나 무시할 권한은 없었다. 일어날 사고를 미리 예방하는 일만이 나의 일이었다. 나는 김 노인의 손을 잡고 방으로 가서 침대에 앉혀 드린 후, 이슥히 얼굴을 바라보았다. 김 노인의 얼굴에 어머님의 얼굴이 겹쳐 내 눈앞에 나타나 영화 필름처럼 지나갔다.

우리 집 거실에서 시누이와 어머님이 과일을 먹고 있다. 시누이를 물끄러미 바라보던 어머님이 갑자기 손을 뻗쳐 시누이의 손에 든 과일을 빼앗으며 소리친다.

"너 누구야? 내 집에 왜 왔니? 내 금반지 훔치러 왔지? 빨리 나가!"
"엄마, 왜 이래? 나야 나, 엄마 딸 영자 몰라? 내 얼굴 좀 봐 봐요."

어머님의 독기 어린 눈은 시누이를 쏘아보고, 손은 나가라 연신 삿대질이다. 때마침 집에 들어서는 나를 본 시누이는 한걸음에 달려와 나를 껴안고 울음을 터뜨린다.

"언니, 잘못했어요. 엄마가 이 지경인 줄 몰랐어요. 딸인 나도 감당이 안 되는데 언니 그동안 마음고생이 얼마나 컸겠어요. 미안해요, 언니."

나는 내 무릎에 엎드려 우는 시누이의 등을 손으로 쓸어 준다.

실습이 끝나는 마지막 날이었다. 그날 요양원에는 70대의 최 노인이 입소하였다. 최 노인은 석양증후군이 있는 환자인데, 집에서 요양하다가 식구들이 감당할 수 없어 요양원에 보낸 분이었다. 최 노인은 낮에는 별다른 증상 없이 요양보호사의 지시를 잘 따라 주었고 다른 환자들과 인사도 잘하고 담소도 나누면서 화기애애한 분위기를 조성하기도 했다.

저녁 식사를 마치고 텔레비전을 보거나 각자 자기 방으로 들어갔다. 갑자기 와당탕하고 뭔가 부딪히는 소리와 함께 비명이 들렸다. 모두 소리가 나는 쪽으로 뛰어갔다. 최 노인이 난동을 부리고 있었다. 당신의 방을 들여다보는 환자에게 물컵을 던져 이마에 달걀만한 혹을 만들어 놓고도 성이 차지 않아 방 안에 있는 물건을 손에 잡히는 대로 던지고 있었다. 구석에 세워 둔 수액 받침대가 손에 잡히자 그것을 거머쥐고 사람들을 향해 휘두르는 것이 마치 날뛰는 성난 사자 같았다. 간호사가 진정제 주사를 들고 달려왔지만, 주사를 놓을 수가 없었다. 발로 차고 주먹으로 때리고 머리로 박치기를 하였다. 그래서 어쩔 수 없이 대여섯 명이 달려들어 간신이 팔다리를 붙잡고 있는데 이번에는 주위 사람들 얼굴에 "퉤, 퉤!" 하고 걸쭉한 가래침을 뱉기 시작했다. 원장님이 나에게 소리 질렀다. "여사님, 마스크요!" 나는 재빨리 마스크를 가져다 최 노인의 입에 씌우려고 다가갔다. 순간, 나도 모르게 "악!" 소리가 입에서 튕겨 나왔다. 마스크를 쥔 손을 최 노인의 입에서 간신이 빼내어 보니 손가락에서 붉은 피가 뚝뚝 떨어지고 있었다. 간호사는 주삿바늘 두 개를 휘어 버리고서야 겨우 주사를 놓을 수 있었다. 간호사의 손도 붉게 물들어 있었다.

 최 노인을 진정시키고 나니 모든 직원이 지쳐 쓰러질 지경이 되었다. 나도 쿡쿡 쏘는 손을 붙잡고 소파에 쓰러지듯 기대어 앉았다. 머릿속이 온통 잿빛 안개로 가득 채워진 듯 생각의 굴렁쇠가 돌아가지 않고 멈춰 버린 것만 같았다. 전쟁터를 방불케 하는 이 일을 내가 진정으로 잘해 나갈 수 있을까? 나에게 닥친 도망칠 수 없는 운명 같은 이 일을 정녕 어떻게 해야 하나. 암보다 무서운 치매라는 말이 새삼 떠오른다.

 이튿날 아침, 최 노인은 아무 일도 없었던 것처럼 멀쩡하다. 간호사와 요양보호사에게 아침 인사도 곱게 하고 있었다.

치매란 도대체 뭘까? 어떻게 생긴 것이기에 머릿속에 들어가 기억을 모조리 지워 버리고, 멀쩡하던 사람을 야수로 만들었다가 다시 사람으로 만들었다 장난질일까? 할 수만 있다면 나쁜 기억은 모조리 지우고 좋은 기억만 남기는 그런 지우개가 있었으면 좋겠다. 그렇다면 세상 사람들이 조금이나마 더 행복해질 수 있을 것 같다.

 몇 개월 후, 나는 내 사진이 정중히 박힌 요양보호사 자격증을 받았다. 자격증을 받는 순간, 나는 커다란 돌덩이를 받아 안은 것처럼 그 무게에 흠칫 몸을 떨었다. 종이 한 장이 이렇게 무거운 줄 처음 느꼈다.

 어머님의 치매 증세는 나의 노력과 바람과는 상관없이 점점 더 심해지는 것 같았다. 내가 베란다에 빨래를 널고 들어오니 어머님은 거실의 서랍이란 서랍은 모조리 끄집어내어 뭔가를 찾고 계셨다.
"어머님, 뭘 찾고 계세요?"
"오라, 네년이로구나. 내 금반지 내놔! 네가 훔쳤지?"
 어머님의 손가락에 늘 끼어 있던 닷 돈짜리 금반지가 보이지 않고 하얗게 반지 자국만 남아 있었다. 나도 어머님과 함께 금반지를 찾기 시작했다. 어머님의 방, 거실, 화장실, 어머님이 지나다니던 모든 장소를 구석구석 빗자루로 쓸고 무릎을 꿇고 엎드려 들여다보았다. 보이지 않는 장롱 밑은 철사 옷걸이로 갈고리를 만들어 모조리 훑으면서 찾았다. 그러나 반지는 어디에도 보이지 않았다.
"네년이 내가 모르는 곳에 숨겨 놓고 찾는 척하는 거지? 힘 빼지 말고 빨리 내놔, 이 도둑년아!"

땀을 뻘뻘 흘리며 거꾸로 엎드려 있는 내 엉덩이를 손으로 철썩철썩 치면서 어머님이 호령한다. 나는 하던 일을 멈추고 어머님을 한참 동안 쳐다보았다.

"네년이 훔친 것이 분명해. 오늘 우리 집에 너와 나, 둘 뿐이지 않냐. 네 방에 숨긴 거지? 네 화장대를 뒤져야겠다."

"그렇게 하세요, 만약 내 방에서 나오지 않을 때는 어머님이 제 말씀대로 하셔야 해요. 약속할 수 있죠?"

나는 어머님께 다짐받은 후 함께 내 방을 수색하기 시작했다.

"화장대 위를 보세요. 반지가 있어요, 없어요?"

"없네. 반지가."

"지금 첫 번째 서랍을 뽑았어요. 어머님, 이 안을 들여다보세요. 반지가 있어요?"

"없네."

이렇게 화장대 서랍을 차례로 모조리 열고 검사하였다.

"화장대 서랍에 반지가 있어요, 없어요?"

"여기도 없네."

어머님은 대답하다 말고 갑자기 눈에 푸른빛을 번쩍이더니 벌떡 일어나 장롱 앞으로 갔다. 장롱 서랍을 뽑아 그 속의 옷들을 끄집어내 방바닥에 내던졌다. 말릴 사이도 없이 이번에는 이불장을 열어 이불을 꺼내 패대기쳤다.

"이불 속에 숨겼지? 내 신랑이 사 준 금반지야, 내 금반지 내놔!"

어쩔 수 없어 나는 이불을 하나하나 펼쳐 보이고 다시 개여 장롱 속에 넣으며 말하였다.
"분홍 이불 속에는 반지가 없네요."
"파랑 이불 속에도 반지가 없네요."
어머님더러 복창하게 하였다.
"겨울 이불 속에는 반지가 없다."
"여름 이불 속에도 반지가 없다."
"핫이불 속에는 반지가 없다."
"홑이불 속에도 반지가 없다."
이불을 다 정리하여 넣고 장롱 서랍에서 나온 옷들도 하나하나 다시 털어 넣으면서 말했다.
"첫 번째 서랍 속에 반지가 없다."
"마지막 서랍에도 반지가 없다."
"며느리 방에는 반지가 없다. 며느리는 반지를 훔치지 않았다."

여기까지 말하고 나니 목이 꺽 메며 설움이 북받쳤다. 눈물을 흘리지 않으려고 고개를 쳐들었다. 창문 너머로 뭉게구름이 떠 있는 푸른 하늘이 어른거린다. 구름 한 송이가 하얗게 반짝이더니 친정어머니 얼굴로 바뀐다. 친정어머니였으면 나를 이렇게 힘들게 하였을까? 어머니는 나를 보며 빙그레 웃고 있다. 어머니는 손을 들어 살살 흔드신다, 내 머리를 쓰다

듬으며 힘내라고 하시는 것 같다. "어머니!" 나는 큰 소리로 어머니를 불렀다. 어머니는 손을 흔들며 서서히 하늘 저쪽으로 사라진다.

나는 온몸이 땀벌창이 되었다. 어머님의 이마에도 땀이 송골송골 맺혀 있었다.

"어머님 더운데 샤워하실래요?"

나를 한참 쳐다보시던 어머님이 머리를 끄덕였다. 화장실로 가서 어머님의 옷을 벗겨 드렸다. 겉옷을 벗기고 속내의를 벗기었다. 아, 이게 웬일이냐! 그토록 찾아 헤매던 반지가 어머님 가슴에 대롱대롱 달려 반짝이고 있지 않은가! 굵은 털실로 꿰어져 어머님 목에 목걸이로 걸려 나를 빤히 쳐다보며 비웃고 있었다.

"이것 어머님 금반지 아녜요? 언제 목에 거셨어요?"

"아, 이 반지가 왜 내 목에 걸려 있지? 오, 그래! 깜빡했구나! 엊그제 도둑년이 왔었지, 손가락의 것을 빼앗아갈까 봐 목에 걸었다. 지금 생각나는구나."

"후유, 다행이네요. 어머님, 내 금반지는 내 목에 걸려 있다. 이 세상에 도둑년은 없다. 이렇게 한 번 외쳐 보세요."

"금반지는 내 목에 걸려 있다. 이 세상에 도둑년은 없다."

"금반지는 내 목에 걸려 있다. 이 세상에 도둑년은 없다."

어머님이 외치셨다. 긴 한숨이 내 입에서 새어 나왔다. 온몸의 기운이 한숨과 함께 죄다 빠져나가는 듯했고, 내 몸은 물에 젖은 솜뭉치처럼 축 늘어져 그 자리에 주저앉고 말았다. 금반지를 찾게 되어 잠시나마 소란을 잠재울 수 있어서 다행이었다. 그러나 또 어떤 일이 튀어나올지 한 치 앞이 보이지 않았다.

　어머님의 과식하는 습관을 고쳐 보려고 학원에서 배운 대로 실천해 보았다. 식사 후에는 어머님께 먹은 그릇을 확인하게 하고 달력에 스스로 색연필로 표시하게 하였다. 아침은 붉은색, 점심은 파란색, 저녁에는 노란색으로 동그라미를 그리게 하였다. 그랬더니 먹고도 안 먹었다고 또 달라고 떼쓰는 일이 확연히 줄어들었다. 그러나 그것도 몇 달 가지 못했다. 색연필을 쥐기만 하면 오늘 날짜에만 동그라미를 그리는 것이 아니라 달력 전체에 큰 동그라미와 작은 동그라미를 마구 그려 넣었다. 그것까지는 별일 아닌데 거실 벽, 침실 벽에도 낙서를 하셨다. 색연필을 빼앗을 수도 없고 말릴 수도 없었다. 전문가의 조언을 받아 어머님의 방을 심리 안정에 도움이 된다는 은은한 보라색으로 도배를 했는데 본바탕도 알아볼 수 없게 되어 버렸다. 큰 달력 뒷면에 마음대로 그림을 그리라고 했더니 갈기갈기 찢어 온 방 안이 종이 폭탄을 맞은 듯 종이 부스러기 천국(?)을 만들어 놓았다. 어머님을 거실로 모시고 달력 한 장을 뒤집어 탁자 위에 펴 놓고 색연필을 쥐여 주며 당부했다.

　"어머님, 이 종이에 사과도 그리고 꽃도 그리고 어머님 귀여워하시는 손자, 손녀도 그리세요. 예쁘게 그리시면 상으로 케이크를 드릴게요. 그동안 저는 어머님 방 청소를 할게요. 부탁드립니다."

방 청소를 마치고 거실로 나오는데 이상한 퀴퀴한 냄새가 코를 벌름거리게 하였다. '야단났구나!' 속으로 외치며 달려와 보니 아니나 다를까, 어머님이 차고 있던 기저귀를 벗어 갈기갈기 찢어 거실 바닥에 버리고 한 손에는 걸쭉한 '도료'(?)를 움켜쥐고 계셨고, 다른 손바닥은 펴서 찰싹찰싹 벽에다 단풍잎을 찍어 가고 있었다. 삽시간에 연한 초록빛 거실 벽이 누런 단풍 숲으로 물들었다. 나는 넋 빠진 사람처럼 한참 동안 쳐다보았다. '어머님이 진짜 칠감으로 이 그림을 그렸다면 어떠할까? 한 폭의 가을 풍경화로 손색이 없지 않을까?' 하는 생각이 스쳐 지나갔다. 맏딸로 태어나 배우지도 못하고 살림 밑천으로만 되어 소녀 시절을 보낸 어머님은 어쩌면 지금 환상의 동화 속에서 마음속으로만 꿈꿔 왔던 것을 실현하고 계신 게 아닐까? 나를 본 어머님은 더욱 신나서 손바닥을 벽에다 찍어 대며 싱글거리셨다.

"내가 그린 그림이 예쁘지? 너 아까 약속했잖아, 예쁘게 그리면 케이크 준다고."

어처구니가 빠져나가면서 내 목을 막았는지, 말문이 막혀 말이 나오지 않았다. 숯가마처럼 까맣게 된 망각의 바닷속에서 오직 케이크에 대한 기억만 남아 있다는 것이 신기했다. 웃는 얼굴에 침을 뱉을 수도 없고 야단을 칠 수도 없었다. 어머님을 놀라게 하여서도 안 된다. 자긍심과 자존심을 지켜 주는 것이 요양보호사의 의무이다.

그러나 내 위장은 내 의지와는 상관없이 다른 반응을 보이였다.

"우웩, 웩! 꽥, 꽥꽥꽥!"

오장육부가 뒤집히며 구역질이 올라왔다. 어머님을 씻기고 방에 모시고 가서 점심을 차려 드리고 케이크도 한 조각 잘라 드렸다. 맛나게 드시는 것을 확인하고 거실 청소를 시작했다. 비위가 상해 버린 나는 연신 구역질을 해댔다. 토하다 토하다 노란 물만 나오는데도 구역질이 멈추지 않았다. 거실 벽은 걸레로 닦아 내고 물로 씻어도 누런색이 지워지지 않고 냄새도 가시지 않았다. 마치 그 배설물도 고약한 치매라는 놈과 한통속이 되어 나의 인내심을 시험하는 것 같았다. 나는 주머니칼을 찾아 벽지를 한 조각, 한 조각씩 찢어 내었다. 심신 안정에 도움을 준다는 연초록색이던 거실 벽지는 얼룩덜룩 허물 벗은 뱀처럼 흉측하게 변해 버렸다. 소독약을 뿌리고 문이란 문은 모두 열어 놓고 선풍기 두 대를 몇 시간 돌렸다. 그리고 다시 공기 청정제를 뿌린 후에야 그 고약한 냄새를 없앨 수 있었다.

 배에서 꼬르륵 소리가 나고 머리가 멍멍해지며 현기증이 났다. 시계를 보니 저녁때가 다 되어 가고 있었다. 점심 먹을 상황도 아니었고 먹을 수도 없었다. 구역질과 구토로 인해 뱃가죽이 등에 달라붙은 듯 배가 고팠다. 대충 밥 한 그릇과 김치 한 접시를 놓고 찬물에 밥 말아 허기를 달래려고 숟가락을 드는 순간, 벼락치는 듯한 소리가 귀청을 찢었다.
 "내겐 밥도 안 주더니 너 혼자 여기 숨어 밥을 훔쳐 먹고 있어?"
 어머님이 들어오시더니 다짜고짜 밥그릇을 땅바닥에 내동댕이치고 숟가락까지 빼앗아 던져 버렸다.
 '어머님, 왜 이러세요? 어머님은 밥도 케이크도 다 드셨잖아요, 케이크

생각이 안 나세요?'

 이렇게 말해야 하는데, 너무 억울해서 말문이 닫혀 버려 말이 나오지 않았다. '개도 밥 먹을 때는 건드리지 않는다는데 나는 이게 뭐야.' 주책없는 눈물만 봇둑 터진 냇물처럼 쏟아져 내렸다. 마침 어머님 때문에 일찍 퇴근한 남편이 문에 들어서자 속으로 흐느끼던 울음소리가 밖으로 터져 나왔다. 나는 엉엉 소리 내여 울면서 남편의 가슴을 주먹으로 마구 두드리며 하소연하였다. 그러나 그에겐들 무슨 방법이 있겠는가, 그저 내 어깨를 두드려 주는 일밖에. 그 후부터 남편은 일찍 퇴근하여 어머님의 말동무도 되어 드리고 집안일도 열심히 도왔다.

 똥으로 그린 풍경화가 거실에, 어머님 침실에 그려지는 일은 한두 번으로 끝나지 않았다. 똥 그림을 막아 보려고 어머님의 표정과 행동을 주의 깊게 살피고 배변 시간을 점검하며 수시로 기저귀를 확인하고 갈아 드렸다. 그러나 어머님은 숨바꼭질 달인이 된 개구쟁이 아이처럼 내가 방심한 순간을 귀신처럼 포착하여 일을 저질러 골탕을 먹였다. 한 달에도 몇 번씩 벽지는 새로 바뀌었고, 그림 솜씨는 날로 늘어 가는 것 같았다.
 '똥으로 그리지 않았으면 멋진 추상화로 남겨 둘 수도 있을 텐데.'
 내 머릿속에서 아쉬움과 안타까움이 교차하면서 마음속 깊은 곳으로부터 울컥, 뜨거운 무언가가 솟구치는 것 같았다.

 다음 날, 나는 시누이에게 전화하여 하루 동안만 어머님을 돌봐 달라고 부탁하고 병원에 다녀오기로 했다.

'어머님이 하시는 행동은 모두 병적인 것이다. 절대로 나를 괴롭히려고 하는 의도적 행위가 아니다. 건강하고 젊은 내가 끝까지 어머님의 인격을 존중하는 요양보호를 해야 한다.'

머리로는 이렇게 이해하려고 노력했지만, 몸이 따라 주지 않는다. 나 역시 병원 의사의 도움이 절실했다.

전문의와 상담도 하고, 그간 만나지 못했던 오랜 친구와도 잠깐 만나 얼굴 보고 인사말만 나누었는데 오후가 되었다. 쌓여 있던 수다 보따리는 풀어 보지도 못하고 헤어졌다. 집에 있는 시누이와 어머님이 걱정되어 이불 속에 엿을 묻어 놓고 온 아낙네처럼, 물가에 아이를 놓고 온 엄마처럼 마음이 조마조마했기에 수다를 떨 기분이 나지 않았다. 부랴부랴 집에 왔다. 아니나 다를까, 통곡 소리가 문밖에까지 들리었다. 문을 박차고 들어서니 6.25 때 난리는 난리도 아니었다.

"엄마, 우리 같이 죽자. 이렇게 살아 뭐 해. 나와 엄마가 함께 죽는다면 누구도 뭐라고 말 못해. 그러니 엄마, 나와 같이 죽어 버리자. 그래야 우리 집도 편하고 나머지 사람들이 사람같이 살 것 같아. 우리 둘이 죽어 버리자."

시누이가 어머님을 끌어안고 베란다 창문을 열고 뛰어내리려 하고 있었다. 혼비백산이 된 다섯 살배기 어린 손녀가 시누이의 다리를 끌어안고 울고 있는데, 얼굴은 눈물인지 콧물인지 범벅이 되어 있었다.

"아가씨, 왜 이러세요? 아가씨까지 이러면 어떡해요!"

"죽어야 해요, 제가 엄마와 같이 죽어야 이 집에 평화가 찾아와요. 언니, 몇 년 동안 천 일도 더 되는 날들을 어떻게 견디었어요? 나는 단 하루도 버티지 못하고 이 난리를 치르고 있는데. 흑, 흑흑, 미안해요, 언니, 정말 미안해요."

나는 시누이를 끌어안고 등을 두드려 주었다.

"마음 굳게 먹고 참아요. 참다 보면 다 지나갈 거예요."

나는 이 한마디밖에 할 수 없었다.

낮에 있었던 일을 시누이가 이야기하였다. 그날 시누이는 어머님이 평소에 손자 손녀들을 특별히 귀여워하시는 걸 아는지라 손녀를 데리고 왔단다. 어머님은 증손녀를 보자 밝게 웃으시며 머리도 쓰다듬어 주며 반가워하셨다. 증손녀가 노래하고 춤추자, 손뼉도 치고 두 팔을 들고 어깨춤도 추시면서 무척 즐거워하셨다. 점심도 맛나게 먹고 낮잠도 한잠 달콤히 주무셨다. 시누이는 간식을 챙겨 어머님과 손녀에게 주고 음료수 가지러 주방에 들어갔다. 음료수를 들고 거실에 들어서는데 자지러지는 울음소리가 들렸다. 한달음에 달려와 보니 울고 있는 손녀의 입가에서 피가 흐르고 있었다.

"무슨 일이야, 왜 이렇게 됐어?"

시누이는 손녀의 볼을 두 손으로 받쳐 들고 들여다보며 물었다.

"왕할머니가 그랬어요. 손가락으로 콱 이랬어요."

손녀가 손가락으로 할퀴는 시늉을 하며 또박또박 말하였다.

"도둑년, 우리 집에 왜 왔어. 과자 훔쳐 먹으러 왔지? 나가, 당장 나가!"

어머님의 손에는 피 묻은, 손녀가 한 입 베어 문 과자가 쥐어져 있었다. 간식을 나눠 먹던 어머님은 당신 것은 호주머니에 감추고 증손녀 입에 들어간 과자를 뺐다가 입까지 찢어 놓은 것이었다.
"엄마, 어떻게 증손녀에게까지 이럴 수가 있어요? 엄마 정신 좀 차려요."
"뭐야, 이 도둑년! 내 간식 훔쳐 먹으러 왔지? 어서 썩 물러가. 가, 가, 어서 가!"
어머님은 시누이의 머리채를 잡아끌어 무작정 밖으로 떠밀었다. 시누이는 화가 머리끝까지 치솟았다. 내 새끼를 내가 혼낼 때는 괜찮으나 다른 사람이 혼내면 화가 난다. 특히 친아빠일지라도 내 새끼를 건드리는 꼴을 절대 못 보는 것이 모성애가 아닌가? 나를 때리고 욕하는 것은 참을 수 있어도, 내 새끼를 그것도 다섯 살밖에 안 된 어린 손녀를 해코지하는 것에는 인내심의 한계를 느꼈다. 시누이 눈에서 불길이 일었다.
"엄마, 내 엄마 맞아? 어찌 이리 변했소? 귀엽다고 물고 빨던 증손녀도 몰라보고, 이게 어디 사람 꼴이요! 짐승도 제 새끼는 핥아 주는데 엄마 이게 뭐요!"
"너 누구니? 오, 도둑년이로구나. 빨리 나가지 못해!"
"엄마, 이렇게 사느니 차라리 죽는 게 낫겠소. 엄마와 나 둘이 같이 죽으면 모두가 편안해지지 않겠소. 같이 죽어요, 차라리 죽읍시다."

시누이는 그동안의 일을 얘기하면서 목 놓아 운다.
"언니, 언니가 없는 몇 시간 동안에 깨달은 바가 많아요. 엄마를 언니에게만 맡겨 놓고 며느리의 당연한 일이라고만 생각했는데 아녜요. 내가 이

짐을 나누어지고 엄마를 모셔야 하는데, 돌봐야 할 식구들이 많아 그러지도 못하고…. 언니, 우리 큰맘 먹고 엄마를 요양원에 모시는 것이 좋은 방법이 아닐까요? 이렇게 지내다간 언니가 엄마 먼저 쓰러질 것 같아요. 내가 오빠하고 상의할 테니 그렇게 해요."

나도 힘들 때면 어머님을 요양원에 보내는 문제를 생각하지 않은 것은 아니었다. 그러나 그런 생각이 떠오르면 어머님 보기가 죄스러워졌다. 자식 된 도리를 다하지 못하면 평생 후회로 남아 괴로울 것 같았다. 그보다 나의 일거수일투족이 나의 자식들에게 본보기는 못 되더라도 부끄럽지는 않아야 한다는 것이 내가 참고 버틸 수 있는 제일 큰 힘이었다.

나는 시누이의 손을 잡고 간곡히 말하였다.

"나의 건강을 생각하는 아가씨 말씀은 고마워요. 그러나 나는 나에게 주어진 의무를 다할 거예요. 그러니 아가씨도 틈나는 대로 나를 도와주면 좋지 않을까요."

우리는 서로 부둥켜안고 어깨를 다독였다.

어머님은 날마다 지옥과 천국을 오락가락하는 것 같았다. 때로는 어린아이로 변하여 동화 속에서 웃고 떠들고, 때로는 지옥에서 악마와 싸우는 것 같았다. 그러다가도 아주 가끔 맑은 정신으로 돌아올 때가 있었다. 그런 날은 내 손을 꼭 잡고 말씀하였다.

"내가 못할 짓을 많이도 하는 것 같구나. 내가 시집살이를 호되게 하였기에 하나밖에 없는 내 며느리는 꼭 딸처럼 잘해 주겠다고 맹세하고 또 맹세했는데…, 미안하다."

어머님 눈가가 촉촉해진다.

"어머님, 괜찮아요."

쓰러질 지경으로 힘들다가도 어머님의 미안해하는 한마디 말씀에 쌓였던 고뇌가 봄눈 녹듯 사라지고 다시 힘을 얻어 일어나곤 했다.

내가 시집을 오자 어머님이 나를 불러 놓고 당신이 시집살이하던 이야기를 들려주었다. 어머님은 열여섯 어린 나이에 보리밥이나마 배불리 먹을 수 있겠다 싶은 전 씨 댁으로 시집을 왔단다. 호된 시집살이를 했던 젊은 시어머니 밑에서 시어머니의 화풀이 상대나 다름없는 시집살이가 시작되었다. 찢어지게 가난한 살림에 식구가 많은 친정에서 맏딸로 살다 보니 웬만한 힘든 일은 다 참고 견딜 수 있는데 먹는 걸 가지고 구박하는 것은 참기가 제일 힘들었단다.

밥때가 되면 십여 명 되는 식구들 밥을 퍼 담아 서너 상 차리고 나면 가마솥 밑굽에는 누룽지만 남았다. 물을 부어 퍼질 때를 기다려 바가지에 긁어 담아 부엌에서 한술 뜨려고 하면 윗방에서 다 먹었다고 밥상을 치우라고 한다. 설거지를 끝내고 나서 식구들이 먹다 남은 반찬에 통통 불어 터진 보리밥 누룽지로나마 주린 배를 채우려고 입에 한 숟가락 떠 넣고 있는데 불호령이 떨어진다.

"아가야, 여태 뭐하고 꾸물거리는 거야. 얼른 가서 개, 돼지죽 떠 주지 않고. 사람 믿고 사는 짐승인데 모두 굶겨 죽일 작정이냐."

개, 돼지 굶는 것은 걱정이나 열여섯 살 어린 며느리가 아직 밥 한술 먹지 못하고 일하고 있는 것은 눈에 보이지 않는 시어머니였다.

쌀을 넉넉히 씻어 밥을 조금만 많이 했으면 밥 한 그릇 남겼다가 먹을 수 있을 것 같은데 며느리가 쌀 한 됫박 소복이 퍼담으려 하면 시어머니는 옆에 딱 지키고 섰다가 반 됫박 도로 뒤주에 쏟아 넣는다. 매끼마다 뒤주 단속을 직접하고 그러지 못할 때는 숯으로 뒤주에다 금을 그어 표시해 놓았다. 한번은 시어머니가 친정에 며칠 다녀오자마자 쌀뒤주부터 확인하더니 쌀이 없어졌다고 야단을 쳤다.

"너 이년, 나 없는 사이에 쌀을 퍼다 친정에 준 거 아니냐? 사흘 사이에 어떻게 이렇게 많이 먹을 수 있어? 뒤주의 쌀이 내려간 걸 좀 봐, 분명히 너 이 도둑년이 친정에 훔쳐다 준 거지?"

한두 끼 부실하게 먹어도 참을 수 없는 10대의 나이에 계속되는 굶주림은 눈이 뒤집히게 하였다. 한번은 시어머니의 매 눈 같은 시선을 피해 밥 한 주걱 배춧잎에 싸서 물바가지에 담아 물동이 안에 넣었다. 설거지를 마치고 샘물터에 가서 바가지 속의 주먹밥을 꺼내 한 입 베어 물었는데 추상같은 호령이 귀청을 때린다.

"이년, 밥을 훔쳐다 샘물터에서 먹고 있다니. 굶어 죽은 귀신이 붙었나? 이년!"

시어머니는 늘 들고 다니는 석 자나 되는 장죽으로 며느리가 들고 있는 바가지를 내리쳤다. 바가지는 박살이 나고 놀란 며느리는 먹던 주먹밥을 떨어뜨렸다. 며느리는 굴러가는 밥 덩어리를 주우려고 쫓아가는데 시어머니가 장죽으로 밥 덩어리를 쳐 버린다. 옆에 앉아 구경하던 누렁이가 제 앞으로 굴러오는 밥 덩이를 웬 떡이냐 하며 냉큼 물어 꿀꺽해 버렸다. 도둑년 소리보다 배고픔이 더 무서웠던 어린 며느리는 흙 묻은 밥이라도 주워 먹으려 했다. 그 속을 모르는 누렁이는 굴러오는 밥 덩어리를 냉큼 삼키고 좋다고 꼬리를 흔들었다. 그날따라 며느리 행동거지가 수상하여 샘물터까지 살그머니 미행한 시어머니였다. 며느리는 빼도 박도 못하고 진짜 도둑년이 되고 말았다. 도둑년 소리는 어린 가슴에 영영 뽑을 수 없는 대못으로 박혀 버렸다.

 힘든 시집살이에 얼마나 한이 맺혔으면 정신을 놓기만 하면 주위 사람 모두가 도둑으로 보이는 도둑 망상증에 걸려 이토록 자신을 괴롭히고 자식에게까지 상처를 줄까? 어린 나이에 눈칫밥을 먹으며 배가 고팠던 기억이 얼마나 사무쳤으면 먹을 것에 그렇게 집착할까? 어머님은 어쩌면 가슴에 박혀 있는 대못을 이승에서 뽑아 버리고 깨끗한 몸과 마음으로 떠나려고 인생의 막바지 길에서 몸부림치고 있는 것이 아닐까? 나는 어머님 가슴속의 한을 풀어 드리고 박힌 대못을 뽑을 수만 있다면 어떤 일이라도 할 수 있을 것 같았다.

 한바탕 난동을 부리고 지쳐 쓰러져 잠든 어머님을 바라보노라면 이런 생각이 떠오른다. 만약 어머님이 시어머니의 따뜻한 사랑을 받으면서 배불리 먹고 살아왔더라면 치매라는 몹쓸 병에 걸렸더라도 식탐이 이렇게까지 심해지지는 않지 않았을까? 그랬다면 증손녀의 손에서 닭다리를 빼앗아 먹고, 입안에 들어간 과자를 뺏느라 입을 찢는 일은 없었을지도 모른다. 비록 자식의 얼굴을 알아보지 못하더라도 딸은 쌀 훔치러 온 도둑, 아들은 돈 훔치러 온 도둑이라고 빗자루 거꾸로 쥐고 내쫓는 일도 없었을 것이다.

같은 여자로 태어나 같은 집에 며느리로 들어왔는데, 왜 먼저 들어온 텃세를 그리도 모질게 부렸는지 안타깝기만 하다. 어머님은 그런 옛 시어머니 노릇을 대물림하지 않으려고 무척 애쓰시는 분이었다. 내 얼굴에 수심이라도 낀 것 같으면 따져 물었다.

"애야, 너 무슨 일 있니? 감추고 혼자 속 썩이지 말고 이야기해라. 이 어미는 언제나 네 편이야."

"친정에 도울 일이 있으면 언제든지 내게 말해라. 힘닿는 데까지 도와줄 테니까."

나는 어머님 품에 안겨 펑펑 울었다. 이 세상 그 누구의 가슴보다 넓고 따스한, 인정이 넘쳐흐르는 품이었다.

아침부터 햇빛이 쨍쨍한 하늘이다. 태양은 구석구석 어두운 곳 없이 밝게 비추려고 높이 떠 있다. 어머님의 기분도 쾌청한 날씨처럼 아주 맑아 보인다. 아침을 먹고 한 시간 남짓 그림도 그리고 윷놀이도 하면서 웃고 떠들었다. 오늘만 같았으면 얼마나 좋을까 하는 생각이 잠깐 스쳐 지나갔다. 달력을 보니 정해진 목욕날이라 목욕을 시켜 드렸다. 욕조에 들어갈 수 없어 의자에 앉히고 샤워기로 따뜻한 물을 끼얹으며 비누로 살살 문지르는데 뼈에 말라붙은 얄따란 살가죽은 만지기만 해도 깊은 주름을 만들며 밀려다닌다. 발목은 아기 손목만큼 가느다란데 앙상한 뼈마디가 건드리기만 해도 삐걱거린다. 빈속에 매운 생마늘을 먹은 것처럼 내 가슴이 짜르르 아려 온다.

마른 목욕 수건으로 어머님 몸을 감싸고 나와서 소파에 앉혔다. 손톱깎이를 찾아 손톱과 발톱을 깎아 드렸다. 깎은 부스러기를 종이에 싸서 옆에 놓았더니 어머님이 그것을 집어 주머니에 챙기신다.

겉옷을 입히고 반지 목걸이를 걸어 드리려는데 어머님이 내 손에서 목걸이를 빼앗아 내 목에 걸어 준다.
"어머님, 반지를 내 목에 걸어 놓고는 또 도둑맞았다고 하시려고요?"
"아니야, 너 나 때문에 고생 많았다. 내 딸도 못하는 일을 네가 해냈다. 내 오늘 정신이 말짱할 때 너에게 이 반지를 물려주마. 이것으로 그동안 고생하고 속 썩은 것이 보상되겠냐마는 너에 대한 나의 고마움의 표시라고 생각해라. 너는 내 며느리야, 아니, 내 딸이야."
"어머님!"
나는 목이 메어 어머님을 끌어안았다. 어머님은 나보다 한 뼘이나 더 큰 키에 풍채가 좋은 몸매였는데 작은 내 품에 쏙 들어오는 가볍고 왜소한 아기로 변해 있었다. 나는 안았던 어머님을 살며시 소파에 누이었다. 그동안 쌓였던 설움과 원망을 씻어 내려는 듯 눈물이 소리 없이 흘러내렸다.
모든 시름을 놓아 버린 듯 어머님은 조용히 누워 나를 쳐다보고 있다. 나는 어머님의 팔다리를 가볍게 안마해 드렸다. 이윽고 코 고는 소리가 가늘게 들려왔다. 나도 어머님 머리맡에 앉아 비스듬히 소파 등받이에 머리를 기대고 어머님의 얼굴을 하염없이 바라보았다.

갑자기 밖에서 소나기가 억수로 쏟아진다. 나는 햇빛 소독을 하려고 밖에 널어 놓은 어머님 속옷들이 젖을까 봐 밖으로 뛰어나갔다. 비는 언제 내렸냐는 듯 뚝 그치고 햇살이 영롱하다. 하늘을 바라보니 무지개가 곱게 떠 있다. 하늘 높이 닿아 있는 무지개다리 위로 선녀가 잠자리 날개 같은 투명한 날개옷을 입고 내려오더니 소복 차림의 한 여인의 손목을 잡고 무지개다리로 오르고 있다. 자세히 보니 어머님이었다. 어머님은 한 손은 선녀에게 맡기고 다른 한 손은 나를 향해 흔드신다. 어머님은 미소를 머금고 머리를 끄덕이며 서서히 무지개와 함께 하늘로 사라졌다.

"어머님! 어디로 가세요?"

나는 있는 힘을 다해, 목청껏 소리 질렀다. 내 소리에 놀라 눈을 뜨니 꿈이었다. 어머님을 바라보니 여느 때와 다르게 너무 조용하고 안정적인 것이 이상한 것 같았다.

"어머님, 어머님, 어머님!"

아무리 불러도 대답이 없다.

"어머님, 어머님!"

어머님의 두 어깨를 잡고 흔들어도 꿈쩍도 하지 않는다. 너무 깊은 잠에 빠지셨나, 어머님의 손을 잡아 일으켜 보아도 일어나지 않는다. 잡은 손이 점점 싸늘하게 식어 간다. 그렇게 어머님은 깊은 잠에 빠져 일어나지 않는다. 어머니의 얼굴은 평온하였다. 감고 있는 눈과 입가에는 미소가 어려 있었다.

"꽈르릉, 땅!"

우렛소리에 창밖을 내다보니 번개가 하늘을 찢고 지나간다. 그 자리에 무지개가 커다란 호를 그리며 땅에 닿았다. 어머님을 모시려고 선녀가 곧 내려올 것 같다.

"어머님, 잘 가세요. 그곳에서는 아프지 마시고요."
나는 두 손을 모아 하늘을 향해 곱게 절을 올렸다.

마디진 어머니 사랑

– 제5회 장려상 수상작

이동소

수상 소감

저는 부산대학교를 나와 35년간 동 대학교와 부산 가톨릭재단 등에서 교편을 잡다가 퇴임하여, 지금은 수필가로 활동 중입니다. 아버지께서 일찍 고혈압으로 쓰러져 몸져누우시는 바람에 어머니는 5남매를 키우기 위해 많은 고생을 하셨습니다. 제가 인생에 대해 한창 회의를 느끼던 사춘기 때에도 어머니는 장사를 하느라 늘 집을 비우셨죠. 자존심이 강한 어머니는 아무도 자신을 알아보지 못하는 산골이나 섬으로 장사를 다니셨습니다. 국제시장에서 아이들 옷을 떼다 팔기도 하고, 여자들의 긴 머리카락을 잘라서 사 오는 소위 '달비장사'를 하셨다고 합니다. 서른 즈음의 젊은 아낙네가 홀로 낯선 섬에 들어가 물건을 팔고 끼니와 잠자리를 구걸해서 목숨 줄을 연명했을 걸 생각하면 지금도 목이 멥니다. 자식들을 잘 먹이고 공부를 끝까지 시키겠다는 서슬 퍼런 염원과 꿈이 없이는 불가능한 일이기 때문입니다. 무적함대 같은 그런 어머니 모습을 보고 자랐기에 저 역시 억척스러운 기질을 가질 수 있었습니다.

세월 앞에 장사가 없다고 했던가요. 그렇게도 현명하던 어머니가 5년 전부터 치매에 걸려 이제 정신이 왔다 갔다 합니다. 한 사람의 일생을 돌아보면 보호자가 수시로 바뀝니다. 제가 어릴 땐 당연히 부모님이 제 보호자였죠. 하지만 제가 대학을 들어가면서부터는 제가 집안을 어깨에 메고 뛰는 가장이 되었어요. 연약한 여자가 학교를 다니며 알바를 하다 보면 때로는 힘이 들고 버겁기도 했지만, 저는 한 번도 제 처지를 비관하고 부모를 원망한 적은 없었던 것 같아요. 흙 숟가락으로 태어나 오늘의 나로 성장하기까지 부모로부터 받은 것이 너무 많기에, 어머니가 당신의 목숨까지 걸고 우리를 지키고 키워 준 그 사랑을 알기에, 저는 감히 힘들다고 말할 수가 없었답니다.

다행히 어머니는 아직도 정신이 맑을 때는 책을 읽기도 하십니다. 어머니는 제 수필의 첫 번째 애독자이자 팬입니다. 제가 틈틈이 어머니 간병일지를 적어 두는 것도 언젠간 어머니가 이 글을 읽으시길 바라는 마음에서입니다. 지금은 비록 병이 들고 노약하지만, 사실은 당신이 얼마나 멋진 분이며, 우리 자식들이 어머니를 얼마나 사랑하는지를 꼭 알았으면 좋겠다는 생각 때문이죠. 어머니는 누가 뭐래도 자식들을 위해 일생 당신의 모든 걸 바쳐 용감하고 처절하게 살아온 성공자이며, 그러기에 존경받아 마땅한 귀한 존재란 걸 잊지 않으셨으면 합니다.

자식이 연로한 부모를 모시는 건 당연한 일인데 어머니를 간병하며 적은 수기가 뜻밖의 상을 받게 되어 송구한 마음이 앞섭니다. 하지만 이 상이 앞으로도 어머님께 더 잘하라는 격려의 뜻으로 받아들이고 싶습니다. 감사합니다.

1. 어머니가 치매라니

어머니가 이상행동을 보이기 시작한 건 5년 전이다. 처음에는 조금씩 건망증 증세가 있다 싶더니, 언젠가부터 과거와 현재를 혼동해서 이야기를 하거나, 딸들이 갖다 드린 먹거리를 누가 가져다 두었는지 기억이 안 난다고 하셨다. 예전보다 부쩍 기억력이 떨어지고 같은 이야기를 자꾸 되풀이하곤 해서 걱정을 했는데, 급기야는 혼자 성당에 갔다 오시다가 집을 잃어버리고 말았다. 그제야 놀라서 병원에 모시고 가서 각종 검사를 받았다.

치매를 평가하기 위한 도구는 여러 가지가 있다. 가장 중요한 것은 신경심리검사다. 대뇌의 어느 영역이 얼마나 손상되었고, 어떤 부분이 보존되어 있는지를 확인하기 위해서다. 집중력과 주의력, 기억력, 언어능력을 알아보는 테스트와 함께, 그림 그리기나 위치 찾기와 같은 시공간 파악 능력, 가위를 사용하고 단추를 채우는 일 같은 일상 활동 능력도 검사했다. 거의 반나절이나 검사를 한 결과, 어머니는 치매 초기단계로 진단이 났다. 순간, 나는 내가 치매에 걸린 것처럼 머리가 멍해졌다. 그렇게 명석

하던 우리 어머니가 치매라니, 도저히 그걸 현실로 인정할 수가 없었다.

어머니는 우리 집안에서 총명하기로 유명하다. 일제시대엔 소학교 시절에 여자반장을 하고, 친지들 사이에선 '변호사'란 별명을 가졌을 정도니 말이다. 최근까지도 한자로 된 신문은 물론, 일어 회화도 능통하게 하셨던 분이다. 게다가 어머니는 세상을 살아가면서 매 순간 맞닥뜨리는 극한 상황과 환경에 적응하는 능력이 특출나셨다. 그게 바로 세상을 살아가는 데 꼭 필요한 임기응변이고 지혜인 게다. 그러기에 아버지가 40대에 고혈압으로 쓰러져 누우시자, 당신이 가장이 되어 우리 5남매를 거뜬히 키우신 여장부였다.

치매(dementia)는 의학적으로 대뇌 신경세포의 손상 따위로 말미암아 지능, 의지, 기억 따위가 지속적이고 본질적으로 상실되는 병으로 정의된다. 즉, 정상적으로 생활해 오던 사람이 다양한 원인에 인해 뇌 기능이 손상되면서, 이전에 비해 인지 기능이 차츰 저하되어 일상생활에 지장이 나타나는 상태를 말한다. 치매는 인간이 겪어야 하는 노화현상의 하나이기 때문에 그 자체를 막을 수는 없다. 다만 약이나 영양제로 그 증세가 느리게 진행되게 하는 방법이 있을 뿐이다. 어머니의 경우는 다른 인지 능력이나 사고력은 모두 정상인데, 유독 최근에 일어난 일을 기억하지 못하는 것이다.

유한한 생명을 가지고 태어난 인간은 어쩔 수 없이 생로병사(生老病死)

의 길을 걷게 된다. 조물주의 뜻에 따라 푸릇한 생명을 가지고 태어나서, 부모의 사랑과 보호를 받으며 성장하고, 신록의 청춘기에 짝을 만나 결혼해서 자식을 낳아 기르며, 황혼을 맞아 곱게 늙어 가고 죽는 것이 신이 우리에게 부여한 인생길이다. 그러니 늙어 가는 것은 결코 부끄러워할 일이 아니다. 얼굴에 하나씩 생기는 주름과 희끗희끗 나오는 흰 머리카락은 세상과 맞짱 뜨며 당당히 살아온 자랑스러운 자신의 연륜이자 훈장이니 말이다.

한편으로 생각해 보면, 인간이 나이가 들어서 걸리는 '치매'란 병은 어쩌면 신이 인간에게 내린 선물이 아닐까 하는 생각이 든다. 살벌한 전쟁터에서 살아남으려고 항상 새우잠을 자며 녹다운되게 한평생을 보낸 인간에게, 마지막은 다시 아기로 돌아가 천진난만하게 살다가 한생을 마무리하라는 신의 특별한 은총이 아닐까도 싶다. 이젠 자신을 완전 무장해제하여 모든 걸 단순하게 생각하고, 아픈 상처는 망각하고 좋은 기억만 안고 이승을 떠나길 바라는 신의 특별한 사랑… 하지만 그게 내 어머니인 경우 인정할 수가 없으니 이를 어쩌랴.

2. 요양병원

어머니가 요양병원에 자진해서 들어온 지 보름이 지났다. 오늘도 먹을 걸 바리바리 싸 들고 어머니를 뵈러 왔다. 요양병원은 선입견과는 달리 건물 외관은 산뜻하다. 무엇보다 숲속에 자리를 잡아 공기가 맑다. 하지만 승강기를 타고 입원실 앞에서 내리자 지린내가 진동한다. 여기가 요양병원이란 걸 새삼 깨닫는다.

　세상의 편견처럼 여태 요양병원에 대한 나의 인식도 그리 좋지만은 않았다. 이승을 떠나기 전, 돌볼 가족이 없는 불쌍한 사람들이 궁여지책으로 들어가는 마지막 수용소로 생각했다. 어머니는 고혈압인데다 거동이 불편해 항상 자식들의 가슴을 죄게 한다. 잠시 집 앞에 나갔다가도 순간적으로 길을 잃으셔서 자식들이 혼비백산하는가 하면, 화장실에 가다가 엉덩방아를 찧어 꼼짝을 못하고 누워 계신 적도 종종 있다. 하지만 어머니는 부모나 자식은 죽음이 서로를 갈라놓을 때까지 함께 살아야 한다고 생각하는 분이다. 그러니 당신은 연세 오십이 안 되어 남편을 잃고서도, 홀로 된 시어머니를 돌아가실 때까지 지극정성으로 모셨다. 그런 모습을 곁에서 지켜본 우리 자식들 역시, 어머니를 요양병원으로 모시는 건 불효라고 생각하고 있었다. 그런데 어느 날 어머니가 집에 있으니 갑갑하다고, 요양병원에 한번 가 보고 싶다고 조르시는 것이었다. 나중에 안 일이지만, 이미 요양병원에 가 있는 작은 이모가 어머니와 통화하면서 자식들을 위해서라도 한번 가서 실습을 해 보라고 권했다고 한다.

　어머니 성화에 남동생과 함께 어머니를 모시고 요양병원엘 갔다. 직접 가서 현장을 눈으로 봐야 단념하시길 싶었기 때문이다. 남동생 역시 착하기도 하거니와 유교 정신이 투철한지라 자식은 어머니를 끝까지 곁에서 모셔야 한다고 생각했다. 그런데 어머니가 병원을 둘러보더니 너무 좋아하며 단번에 입원하겠다고 하셨다. 아무리 말려도 고집을 피우시기에 우선 한 달만 있는 조건으로 입원을 시켰다. 그리곤 보름이 지났다.

  병실 안은 얼핏 봐도 팔순이 넘은 환자들이다. 대부분이 치매 환자라고 한다. 어머니도 팔순이 넘었지만, 연세보단 젊어서 그런지 노인들과는 모습부터가 다르다. 노인들을 보면 표정이 거의 없다. 치매가 있어서 그런가도 싶지만, 설령 정신이 온전하다 해도 저 연세에 좋고 싫은 게 있으랴. 인간은 행복을 느껴야 웃음이 나오고, 무언가 억울하고 서운해야 눈물이 나오는 법이다. 그러나 이젠 중앙제어장치인 중추신경과 함께 자극을 받아들이고 반응하는 기관들이 제 수명을 다했으니, 이성적인 판단이나 희로애락 감정이 제대로 일어날 수가 없는 게다. 그냥 남은 목숨을 부지하기 위해, 정해진 시간에 배급되는 하루 세 끼 식사를 몇 술 목구멍으로 넘기는 게 고작일 터. 벽에 걸린 TV에서 들리는 세상 소리나 방문객들이 나누는 대화는 이들에겐 공해일 뿐이다.

  어머니 덕에 요양병원을 드나들면서 인생 공부를 많이 한다. 노인들은 젊은이들만큼 말도 잘 못하고 표현도 어눌하다. 대신 눈으로 대화를 하고, 미소로 답을 한다. 누군가가 신음 소리를 내면 모두들 걱정스런 눈빛으로 바라보고, 누구든 방문객이 오면 다들 반가운 눈으로 맞이한다. 죽음을 앞두고 여기 한 방에 있다는 그 자체가 동지애를 불러일으키고 연민의 정을 느끼게 하는 걸까? 사람과 사람 사이에 정을 나누고 마음을 전하는 게 언어를 통해서만 되는 건 아닌가 보다. 어쩌면 내가 첫 방문 때 입구에서 느꼈던 어둡고 침울한 분위기는, 내가 이미 입력해 놓은 선입견 때문이었는지도 모를 일이다.

  내가 온다는 전화에 어머니는 이미 복도에 나와서 기다리고 계신다. 휴게실에 나를 데리고 가서 소파에 앉히곤 이야기꽃을 피우느라 신이 나셨다. 그러고 보니 요양병원에 오고 나서 어머니는 더 건강해지셨다. 어제는 자원봉사자들에게 춤을 배우고, 오늘은 요리를 배웠다고 한다. 나이가 들어 혼자 있으면 위급한 상황이 생기기도 하거니와, 그로 인해 우울증이나 치매가 오기 쉽다고 한다. 모두가 출근하고 아무도 찾아 주지 않는 집안 구석에서 날마다 골동품처럼 덩그렇게 혼자 빈 집을 지키며, 아들을 기다리느라 시계만 보고 계셨던 어머니께 우리는 모두 불효를 한 게 아닐까 하는 죄책감이 든다. 말벗이 그리워 이따금씩 거시는 전화도 바쁘다는 이유로 제대로 이야기를 받아 주지 못하면서, 정작 어머니가 외롭고 다급할 때 함께해 주지도 못하면서 말이다. 그런데도 단지 '불효자'란 소리를 듣기 싫어서, 고작 우리들 마음이 편하기 위해서, 그동안 어머니를 요양병원에 모시는 걸 거부한 우리들이 너무 이기적인 게 아닐까? 간호사실에 들러 어머니 상태를 물었더니, 환자들 중 어머니가 제일 적응을 잘하고 주변 노인들 시중까지 들어준다고 칭찬을 한다. 모처럼 어머니가 활짝 웃으시는 모습을 본다. 어머니가 저렇게 행복하면 이게 효도하는 길일까 하는 생각마저 든다.

3. 요양병원에서 노치원으로

　어머니가 요양병원에 입원하신 지 꼭 한 달쯤 되었을 때다. 어머니는 가톨릭 신자라 기왕이면 가톨릭재단에서 운영하는 기관이면 좋겠다 싶어 수소문해서 예약을 했었는데, 거기서 자리가 비었다고 연락이 왔다. 기쁜 마음으로 주말에 어머니를 퇴원시켜 새로 갈 병원을 보여 드리러 갔다. 동생 집에서도 가깝거니와 바로 곁에 성당도 있고 시설이 너무 잘 되어 있어 어머니도 우리도 흡족해하며 월요일 입원하기로 정하고 돌아왔다. 집에 와서 다시 옷가지며 입원 물품을 정리해 놓곤, 이틀간은 어머니랑 가을 나들이를 하기로 했다. 병원에 다시 들어가기 전에 어머니를 즐겁게 해 드리고 싶은 마음에서였다.

　오색 단풍이 물든 아름다운 산자락에서 사랑하는 아들딸과 맛있는 식사를 하고, 멋진 카페에 앉아 음악을 들으며 커피를 마셨다. 어머니는 소풍 나온 유치원 아이처럼 행복해하셨다. 어쩜 이게 정신이 맑은 어머니와의 마지막 가을 나들이가 될지도 모른다는 생각이 들어 나는 혼자 눈시울을 적셨다. 그런데 뜻밖의 사달이 났다. 이틀째 나들이를 하고 집으로 돌아가는 차 안에서 어머니가 요양병원에 가기가 싫다고 하신 것이다. 수녀님께 겨우 부탁을 해서 힘들게 잡은 병원이니 일단 입원해서 한 달만 있어 보자고 달래었지만, 소용이 없었다. 집에 도착해서 내가 어머니께 왜 그러시냐고 연유를 물었다. 그제야 어머니는 눈물을 뚝뚝 떨어뜨리며 가슴속에 맺힌 이야기를 다 꺼내셨다.

병원에 간 건 실은 자의(自意)가 아니었다. 이모 이야기를 듣곤 자식들 편하게 해 주자는 생각이 들어서였단다. 낮엔 가족들이 면회를 오지만, 잠이 들 때 곁에 아무도 없다는 걸 깨닫곤 당신이 버려진 것 같다는 생각이 들어 밤마다 울었다고 하셨다. 게다가 간호사들이 치매 환자들을 마구 대하고, 기저귀를 갈 때마다 짜증을 내는 소리에 어머니가 너무 힘들었다고 하셨다. 머지않아 그게 당신이 당할 일이다 싶으셨던 게다. 이제 하루를 살아도 아들 얼굴 보며 살지, 다시는 병원엔 안 가신다고 단호하게 말씀하셨다. 어머니 말씀을 다 듣곤 나는 어머니를 안고 울고 또 울었다. 내가 또 불효를 했구나! 바보처럼 어머니 말씀만 믿고 어머니가 병원에서 더 즐겁게 생활한다고 좋아했던 우리 자식들이 또 죄를 지었구나!

　그런 일이 있은 후 어머니는 다시 동생 집에 계셨다. 병원에서 힘들었던 기억이 있어서인지 어머니는 한동안 집에만 계셔도 무척 행복해하셨다. 끼니를 굶어도 매일 자식 얼굴을 보며 사는 게 얼마나 행복한 일인지 이제 알겠다고 하셨다.

　그런데 서너 달이 지나자 어머니나 우리는 또 지쳐 갔다. 어머니는 심심하다고 투정을 하며 낮부터 우리 형제들을 불러대고, 우리가 못 가면 일하던 남동생에게 전화를 하셔서 집으로 달려오게 했다. 무엇보다 규칙적으로 식사를 하고 혈압약과 치매약을 드셔야 하는데 그게 힘들었다. 우여곡절을 한바탕 치르고 나서 결국 형제들이 의논해서 선택한 게 노인학교였다.

　요즘은 어머니가 노치원엘 나가신다. 장기 요양 환자들을 위해 국가가 후원하는 기관이다. 학생처럼 아침마다 등교를 하시니 모든 게 규칙적으로 돌아간다. 아침에 스쿨버스가 와서 어머니를 모시고 가면, 거기서 점심 식사는 물론 공부랑 놀이도 하고 간단한 간식까지 드시곤 저녁 5시 반쯤 귀가를 하신다. 어머니는 머리도 잘 돌아가는 데다 다른 노인들보단 건강상태가 양호하시다. 그러니 학교에서도 거의 반장을 하신단다. 강의 듣는 것도 좋아하고, 손재주가 좋아 무얼 하든 빠르고 정확하게 만들어 내니 요양사들 간에도 인기가 최고라고 한다. 나이가 들어도 일등을 해야 직성이 풀리는 우리 피의 DNA인 걸 어쩌랴.

　제일 힘든 건 날마다 준비물과 입을 옷을 코디하는 일이다. 남동생이 그런 건 서투르다 보니, 거의 매일 내가 가서 내일 입을 옷을 코디해 드린다. 학교에서 목욕을 하는 날엔 속옷도 신경 써서 챙겨 넣어 드린다. 그런데 치매가 조금씩 진행됨에 따라 이 일도 한계에 도달했다. 기껏 입을 옷을 소파 위에 나란히 챙겨 두고 왔는데, 다음 날 아침이면 옷을 어디로 다 치우고 없으니 말이다. 그럴 때면 남동생이 다시 이것저것 골라서 입히느라 진땀을 뺀단다.

　봄이 가고 여름이 와서 며칠 전엔 어머니 서랍장을 통째로 비워 정리를 했다. 속옷은 속옷대로, 티셔츠와 블라우스는 칸마다 분리해 넣고, 두꺼운 옷은 따로 상자에 넣어 창고 방으로 옮기고, 여름 나들이옷은 옷걸이에 가지런히 걸어 찾기 쉽게 정리를 했다. 무려 5시간에 걸쳐 힘들게 옷 정리를 마친 후 저녁 식사를 준비했다. 그런데 이게 웬일인가! 식사를 차려 어머니 방에 들어갔더니 어머니는 어느새 창고 방에서 옷을 모조리 가지고 와서 서랍장에 다시 꾸역꾸역 넣고 계셨다. 해맑게 웃으시면서 어머니가 말하셨다.

"겨울이 와서 내가 서랍장 정리를 하고 있다."

순간, 나는 퍼질고 앉아 울음을 터뜨리고 말았다. 왜 이런 지독한 병에 걸려서 애를 먹이냐고 넋두리를 하면서….

한참을 울다 보니 곁에 놓인 작은 가방에 무엇인가 가득 들어 있었다. 가방에 마산에 있는 막냇동생 이름이 커다랗게 씌어 있어 풀어 보니, 아무 데도 쓸모없는 비닐 손지갑이며 싸구려 장식품들이 가득 들어 있었다. 어머니는 그게 다 당신이 어렵게 돈을 모아서 싸 둔 보석이라고 자랑을 했다. 그 옛날 떠돌이 장사를 하러 다니느라 젖도 제대로 못 먹인 막내딸이 어머니에겐 아직도 안쓰럽고 챙겨 주고 싶은 아픈 손가락이었던 게다.

어머니 기억력이 자꾸 쇠퇴하면서 날마다 웃지 못할 에피소드가 생긴다. 어제도 종일 어머니 시중을 들고 저녁 식사까지 챙겨 드리고 집에 오고 있는데, 막내 여동생한테서 전화가 왔다.

"방금 엄마한테 전화를 했더니, 언니가 통 소식이 없다고 욕을 마구 하시더라. 힘들게 박사까지 시켜 놓았더니 제일 배은망덕하다고…."

나는 차를 도로에 대고 엉엉 울었다. 원래 잘하는 딸한테 더 의지해서 그런 거니 너무 서운해하지 말라는 동생의 말도 아무런 위로가 되지 않았다. 가도 가도 끝이 보이지 않는다. 이 어두운 터널을 언제 벗어날 수 있을지 막막하기만 하다. 이젠 한 시간 전의 일도 까맣게 잊어버리시니 기가 찬다. 갑자기 내 신세가 서럽다. 내 나이도 이제 곧 칠순이다. 지금도 안 아픈 곳이 없고, 마음도 너무 허전하다. 예전 같으면 나도 집 안에서 보호를 받을 노인이 아닌가 말이다.

어머니를 돌보며 제일 기가 차는 것은 옷이나 먹을 것을 자꾸 감추는 일이다. 큰마음 먹고 외출복으로 사 드린 옷을 입히려고 찾으면 없다. 귀한 옷이라 누가 훔쳐 갈까 어디 꽁꽁 숨겨 두었다고 하신다. 맛있는 빵이나 과자, 두유 등 간식을 사 두어도 다음 날이면 어디에 숨겼는지 하나도 없다. 한 달쯤 지나서 그게 침대 밑이나 창고 방구석에서 썩어서 나오곤 한다. 아마도 어머니 머릿속엔 아직도 그 옛날 헐벗고 굶주리던 기억이 인장처럼 박혀 있어 본능적으로 그걸 챙기시는 것 같다. 그런 생각이 들면 나는 원망보단 눈물부터 핑 돈다.

학교에 다니면서도 자꾸 문제가 생긴다. 제일 큰 문제는 누군가가 당신의 물건이나 돈을 훔쳐 갔다고 착각을 하시는 것이다. 내가 등교할 때 매고 다니시라고 핸드백을 몇 개 드렸다. 그런데 어느 날 그와 비슷한 가방을 다른 노인이 매고 왔단다. 그날로부터 계속 나한테 전화를 해선 당신이 아끼는 가방을 친구가 훔쳐 갔으니 신고를 해 달라고 하셨다. 정작 어머니 가방은 매직펜으로 당신 이름을 커다랗게 붙여서 침대 밑에 숨겨 두고서 말이다.

그러던 어느 날, 학교에서 보호자인 남동생에게 호출전화가 왔다. 어머니 문제로 상담을 하고 싶다고 원장이 직접 전화를 한 것이다. 문제아로 호출을 받은 학부모처럼 동생이랑 나는 기가 잔뜩 죽어 학교엘 갔다. 이젠 가방이 아니라 현금이나 보석을 도난당했다고, 심지어 친구 누가 가져갔다고까지 말을 하니, 이러시면 계속 학교에 다닐 수가 없다고 한다. 순간 눈물이 하염없이 흘러내렸다. 그렇게 영특하시던 우리 엄마가 어쩌다 이렇게까지 망가졌단 말인가.

일찍 병상에 누운 남편 대신 가장이 되어 5남매 자식들을 먹이고 교육하느라 버둥거리며 살았던 그 옛날의 아픈 기억이 지금까지도 어머니 뇌리엔 생생하게 남아 있었던 게다. 자식들을 위해 무엇이든 남에게 뺏기지 않으려고 발버둥 치며 보낸 세월의 흔적은 고스란히 뇌에 각인이 되어, 이제 그게 피해망상으로까지 번지고 있다니 얼마나 가여운 일인가 말이다. 눈물만 글썽거리며 할 말을 잃은 보호자들을 보며 원장은 마음이 아픈지, 힘들지만 앞으로 함께 노력해 보자고 되레 우리를 위로한다. 아들과 딸이 당신을 데리러 왔다고 친구들에게 자랑하며 한껏 신이 난 엄마 손을 잡고 학교를 나오는데, 하늘에선 눈물처럼 소낙비가 퍼붓고 있었다.

4. 어머니, 나의 자화상

 어머니가 건강하실 때, 아마도 6년 전이지 싶다. 당시 우리 5형제들은 다들 자리를 잡고 여유롭게 살고 있는 터라, 석 달에 한 번씩은 어머니를 모시고 나들이를 했다. 어머니가 건강하실 때 한 번이라도 더 소중한 추억을 만들고 싶은 마음에서였다. 그날도 5형제가 팔순이 넘은 어머니를 모시고 1박 2일 여행을 마치고 막 부산에 도착했을 때였다. 자가용으로 어머니를 댁까지 모셔 드리려고 하는데, 어머니가 굳이 택시를 타고 가겠다고 고집을 부리셨다. 순간, 나는 또 어머니께 소리를 지르고 말았다. 어머니가 우리를 생각하는 마음을 알지만, 자식 된 도리마저 못하게 하시는 어머니께 너무 화가 났던 게다.

 어머니는 일찍이 아버지가 고혈압으로 쓰러져 자리에 눕자 억척스레 우리 5남매를 키우신 여장부다. 하지만 언제나 세상을 밝고 긍정적으로 대하며 당당한 모습을 잃지 않으셨다. 그런 어머니 덕분에 나 역시 어려운 여건 속에서도 꿈을 잃지 않고 세상을 활기차게 살았던 것 같다. 이젠 어머니는 젊은 날의 노고에 대한 보상으로라도 마음 편히 사셔야 한다. 하지만 어머니는 아직도 자식들 생각에 당신의 존재는 항상 뒤로 제치신다. 그런 어머니 모습에 나는 자꾸 화가 난다. 모전여전(母傳女傳)이라고, 어쩜 어머니의 그런 모습이 미래의 나의 모습이라고 여겨져 더 화가 나는지도 모를 일이다.

 이틀간의 나들이는 참으로 살갑고 행복한 시간이었다. 어머니랑 네 딸과 아들, 증손주들이 다 함께 개울에 몸을 담그고 물놀이를 했다. 나무 그늘에 앉아 준비해 간 고기를 구워 먹고, 음악을 들으며 기억조차 가물거리는 옛날이야기로 꽃을 피우며 끈끈한 정을 나누었다. 물가 비치파라솔 아래 오순도순 새끼들을 거느리며 행복해하시는 어머니 모습은 병아리들을 품은 푸근한 암탉 모습이었다. 모진 세월 힘들게 보내고 나니, 이젠 어머니 밑에 이렇게 당당한 가계(家系)가 뿌리내린 것이다. 내심 어머니가 얼마나 뿌듯해하실까 싶었다. 아마도 어머니는 그 순간에 영원히 시간이 멈추길 기도하고 계셨지 싶다.

문제는 저녁에 호텔에 들어가고부터였다. 자식들에겐 조금도 누를 끼치고 싶지 않은 어머니 특유의 신경전이 또 시작된 것이다. 종일 피로하셨을 걸 걱정한 나머지, 우리는 어머니께 먼저 목욕을 하시라고 권했다. 그런데 어머니는 혈압이 오른 것 같다며, 당신은 새벽에 목욕하겠다고 하셨다. 그리고 어머니가 좋아하는 간식거리를 침대 머리맡에 놓아 드렸더니, 당신은 소화가 안 된다고 하면서 손주들에게 모두 나누어 주셨다. 거기까진 그냥 넘어갔다. 그런데 어머니는 당신이 주무실 때 코를 고는 걸 걱정해서인지, 일부러 더워서 마루 거실 바닥에서 자고 싶다고 하시는 것이었다. 어머니 고집을 누가 꺾으랴 싶어 우리들은 제각기 방에 들어가 잠을 잤다.

우리는 모두 알고 있다. 어머니는 거실에서도 계속 몸을 뒤척거리며 밤을 꼬박 새우신 것을. 그리고 자식들이 잠을 설칠까 염려되어 아침 목욕도 못하신 것을 말이다. 그런데 헤어지면서도 굳이 택시를 타고 가겠다고 우기신 것이다. 순간, 어제부터 참아 왔던 울분이 터져 나왔다. 자식이 부모님을 댁에 모셔다 드리는 건 당연한 일! 어머니 마음 편하고자 왜 우릴 불효자식으로 만드시는가 말이다.

 내가 왜 어머니께 그렇게 고함을 치며 화를 내었을까? 곰곰 생각해 보니, 모진 세파에 살아남으려 눈칫밥을 먹으며 주눅이 들어 버린 어머니의 모습이 바로 내 모습이기 때문이다. 그러니 어머니께 화를 낸 게 아니라 20년 후의 내 모습, 나의 자화상에 화를 낸 셈이다. 항상 세상 눈치를 보며 웅크리고, 내 것마저 떳떳하게 챙기지 못하는 우리의 DNA에 말이다.

 당신이 아파도 절대로 알리지 않으시는 어머니, 자식이 보고 싶어도 바쁘게 살아가는 자식들에게 누가 될까 싶어 마음껏 전화도 못하시는 어머니가 바로 우리 어머니다. 그렇게 곱던 얼굴엔 이제 풍상이 휩쓸고 간 자리마다 골 주름이 패고, 자식들 챙기느라 손마디는 대나무 마디처럼 불거졌다. 항상 자식들 바람막이가 되어 탄탄하게 버티던 등은 어느새 구부정하게 휘어져 버렸다. 게다가 그렇게 총명하던 분이 이제 중추신경계까지 제자리를 이탈해 버렸다. 그런데 아직도 정신이 돌아오면 자식 걱정만 하시는 어머니 모습에 나는 자꾸 눈물이 난다.

 어머니와 나는 이제 같이 늙어 가고 있다. 둘 다 인생의 해거름에 서 있으니, 오늘 숨을 쉬고 있어도 내일 아침 눈을 뜰지 모르는 나이다. 나는 어머니랑 친구처럼 지내고 싶다. 겉으론 활달해도 나는 친구가 많지 않다. 커피가 고프고, 술이 고프고, 누군가에게 속을 털어내고 싶을 때 부르면 단번에 달려올 친구가 별로 없다. 그러니 같이 피를 나누고, 이제껏 같은 배를 타고 함께 풍랑을 헤쳐 나온 모녀만큼 좋은 친구가 어디 있으랴. 하지만 어머니는 언제나 저만치 서 계신다. 함께 공원 산책을 가자고 해도, 맛있는 걸 먹으러 가자고 해도 번번이 핑계를 대어 거절하신다. 모두가 나를 편하게 해 주기 위해서인 줄 뻔히 알면서도 그런 날이면 나는 괜스레 울적해진다. 이젠 훌쩍 나이가 들어 버린 딸이 부담스러워지신 건지, 아니면 바쁘다는 핑계로 함께하지 못한 세월 속에 내가 어머니를 그렇게 만들어 버린 건지 알 수가 없지만, 내 마음은 차가운 납덩이가 된다.

우리 어머니의 자식 사랑은 유별나다. 그중에도 외아들인 남동생에 대한 애정은 가히 기네스북 수준이다. 간식이나 먹을 걸 드리면, 항상 동생에게 준다며 덜어 두신다. 심지어 식당에 가서 밥을 시켜도, 항상 당신 것은 양이 많다며 동생 그릇에 덜어서 옮기고 나서야 식사를 하신다. 삼계탕도 절반을, 당신이 좋아하는 냉면도 반을 잘라서 동생 그릇에 옮기신다. 그럴 때면 나는 곧잘 고함을 지른다. 어머니는 소화기능도 좋고 식성이 좋아 나보다도 음식을 더 잘 드신다. 삼계탕 한 그릇은 거뜬히 드실 수 있다. 딸인 나는 어머니 건강을 생각해서 억지로 시간을 내어 외식을 시켜 드리는데, 어머니는 내 앞에서 습관처럼 아들만 챙기는 모습이 순간 얄밉고 질투가 난다.

작년 일이다. 어머니가 갑자기 장협착이 와서 입원하셨다. 한참 어머니

밥상 시중을 드는데, 갑자기 밥상에 있던 가자미 생선이 사라졌다. 어머니는 벌써 다 먹었다고 씩씩하게 대답했지만, 결국 나는 생선 접시를 찾아냈다. 내가 잠시 자리를 뜬 사이에 어머니가 먹던 생선 반 토막을 아들 준다고 숨겼던 것이다. 일생을 그렇게 자식 뒷바라지를 하셨으면 되었지, 구순이 되어서도 회갑이 넘은 아들을 챙기는 그놈의 모성애가 얼마나 황당하고 억울한가 말이다.

시대는 많이 바뀌었다. 모든 업무가 디지털화되어 속도를 중시하며, 모든 게 개인 중심으로 흘러가는 세상이다. 인간과 인간의 고리 역시 그 옛날 대가족 사회처럼 끈끈하지도 않으며, 단출한 핵가족으로 변해 가고 있다. 그러니 요즘 시대엔 부모가 자식에게 효(孝)를 강요해서도 안 되거니와, 반면에 부모라고 자식에 대해 무조건적인 희생을 하는 건 우둔한 짓이다. 하물며 자신이 먹고 싶은 걸 참고 아들에게 줘야 직성이 풀리는 모성애는 박물관에나 보관해야 하는 케케묵은 덕이다. 덕이라기보단 일종의 자가당착이고 아집이다. 자신이 그렇게 애지중지해서 기른 아들이 나중에 그런 부모 마음을 알기나 할까 말이다.
참사랑은 서로가 눈높이를 맞추어 마주 보며, 가슴으로 서로 정을 나누어야 한다. 양쪽이 다 행복하기 위해서는 사랑의 질량이 평형을 이루어야 한다. 한쪽이 일방적으로 해바라기를 하며 오매불망 그리워하면, 그건 불행이다. 짝사랑은 언제나 가슴앓이를 동반하기 때문이다. 하지만 이러한 사랑의 법칙이 도통 통하지 않는 게 있으니, 그게 바로 자식에 대한 어머니 사랑이다. 하물며 일찍 남편을 여의고 아들을 남편처럼 친구처럼 의지하며 살아온 어머니로선 그 사랑이 유별날 수밖에 없으리라. 제정신이 아니면서도 오로지 아들을 해바라기하고 계시는 어머니가 한편으론 측은하다.

오늘도 어머니와 놀아 드리려고 왔다. 그런데 과일을 드려도, 빵을 드려도, 조금 있다가 동생이 오면 나눠 먹자고 하신다. 원두커피를 드리면 동생도 이 커피를 좋아한단 말이 자동응답기처럼 새어 나온다. 이제 어머니에게서 아들은 하느님과 같은 존재이다. 그러니 사랑과 자비를 베푸는 쪽은 어머니가 아니라 동생이고, 동생의 행동 여하에 어머니의 행복이 좌우된다. 여기까지 생각이 미치자 알 수 없는 질투심이 곰실거리고 올라온다. 딸들이 죽어라 어머니 뒷시중을 들어도, 결국은 어머니는 아들만 찾으니 말이다.

욱하는 가슴을 진정시키고자 어머니 침대 밑 방바닥에 누워 눈을 감았다. 잠시 잠이 들었는가 싶었는데 무언가 느낌이 이상해서 눈을 떴다. 언제 침대에서 내려왔는지 어머니가 내 얼굴 위에서 달덩이처럼 웃고 계셨다. 눈에서 사랑의 꿀이 뚝뚝 떨어졌다.

"자랑스러운 박사 딸, 고맙데이. 니 땜에 내가 평생 어깨에 힘주고 살았다 아이가."

나는 오늘 또 어머니께 반전의 KO패를 당하고 말았다.

5. 노모와의 생이별

60여 년 동안 껌딱지처럼 붙어살던 구순 친정 노모가 서울로 이사를 가신다. 친구들은 다들 일생 돌보아 드리던 어머니가 이사를 가니 앞으론 편하겠다고 한다. 하지만 내 마음은 그런 생각은 티끌만큼도 없이 나는 지금 멍하기만 하다. 혹부리가 떨어져 나갈 자리에 벌써부터 진물이 줄줄 흐른다.

올케가 5년 전에 서울에서 사업을 벌였는데 남동생은 따라가지 않고 어머니랑 부산에 남았다. 5남매 중 세 딸이 다 부산에 있으니, 노모는 물론 남동생도 고향 같은 부산을 떠나기가 싫었던 게다. 하지만 코로나19 여파로 경기가 안 좋은 데다 언제까지나 부부가 떨어져 살 수도 없는 노릇인지라 이참에 남동생이 서울로 가서 올케가 하는 일을 돕기로 결심한 모양이다.

1남 4녀 중 나보다 다섯 살 아래인 남동생은 나랑 코드가 잘 맞는다. 감수성이 예민한 데다 음악이나 문학을 좋아하는 것은 물론, 현실감이 없고 낙천적인 것도 똑 닮았다. 내가 생각할 때, 남동생이 5년 전에 아내를 따라 곧장 서울로 가지 않은 것도 실은 나랑 헤어지는 게 싫었던 게 아닐까 싶다. 하긴 대학생 시절부터 내가 가장이 되어 동생들 공부를 시키고 가정경제를 꾸려 나갔으니, 어머니나 동생들에게선 내가 보호자였던 셈이다. 그러니 세월이 흘러 다들 훌쩍 나이가 들어서도, 어머니와 남동생은 집안일은 뭐든 나랑 의논했고, 나 역시 그게 당연한 내 일처럼 생각했던 것 같다.

 아버지가 일찍 고혈압으로 쓰러져 몸져누우시는 바람에 어머니는 5남매를 키우기 위해 고생을 많이 하셨다. 내가 인생에 대해 처음으로 생각하고 한참 회의를 느낄 사춘기 때도 어머니는 장사를 하느라 늘 집을 비우셨다. 자존심이 강한 어머니는 아무도 자신을 몰라보는 외진 산골이나 섬으로 장사를 다니셨다. 국제시장에서 아기들 옷을 떼다 팔기도 하고, 여자들의 긴 머리카락을 잘라서 사 오는 소위 '달비장사'를 하셨다고 한다. 처음엔 이웃의 친구랑 둘이 다녔지만, 혼자 가야 수입이 좋은 걸 생각해서 나중엔 혼자서 다니셨다. 이제 서른 즈음의 젊은 아낙네가 홀로 낯선 섬에 들어가 물건을 팔고 그날그날 끼니와 잠자리를 구걸해서 목숨 줄을 연명했을 걸 생각하면 새삼 목이 멘다. 자식들을 잘 먹이고 공부를 끝까지 시키겠다는 서슬 퍼런 염원과 꿈이 없이는 불가능한 일이기 때문이다. 무적함대 같은 그런 어머니 모습을 보고 자랐기에 나 역시 억척스러운 기질을 가질 수 있었던 게 아닐까 싶다.

 한 사람의 일생을 돌아보면 보호자가 수시로 바뀐다. 어린아이 땐 당연히 부모가 보호자가 된다. 하지만 어른이 되어 조직과 사회에 몸을 담고 살아가면서 기대고 살아가는 보호자는 수시로 바뀐다. 내가 한창 공부를 할 즈음엔 먼저 결혼한 언니랑 형부가 나의 어버이가 되어 주었다. 그리곤 대학을 들어가면서부터는 내가 집안을 어깨에 메고 뛰는 가장이 된 것이다. 연약한 여자로서 때로는 힘이 들고 버겁기도 했지만, 나는 한

번도 내 처지를 비관하고 원망한 적은 없었던 것 같다. 흙 숟가락으로 태어나 오늘의 나로 성장하기까지 그들로부터 내가 받은 게 너무 많은 걸 알기에, 어머니가 당신의 목숨까지 내걸고 나를 지키고 키워 준 사랑을 알기에, 나는 감히 힘들다고 말할 수가 없었다.

　세월 따라 장사가 없다고 했던가. 그렇게도 현명하던 어머니가 이제 정신이 왔다 갔다 하니 말이다. 대뇌는 인간의 모든 행동과 감정을 통제하고 조절하는 컴퓨터의 본체에 해당한다. 차라리 몸의 어느 부속 하나가 망가지거나 고장이 나면 교체를 하거나 안 되면 불편함을 감수하면 된다. 그런데 중앙제어장치가 고장이 나니 인격이 흔들린다. 그렇게 품격 있고 고상하던 어머니가 하루아침에 어린아이가 되고 판단력이 흐려지니 이보다 더 큰 벌이 어디 있겠나 싶다. 오늘도 당신이 가진 보석들을 누가 훔쳐 갔다고 한바탕 소란을 피우다가 이제 막 새록새록 잠이 드셨다. 차라리 이 병을 내가 대신 앓을 수만 있다면 하는 생각이 든다.

　그저께는 단오절이자 어머니 생신이었다. 형제들이 모여 밖에서 식사를 하고 나서 모두 어머니 집으로 가서 이삿짐을 챙겼다. 딸들이 모두 집에 모이자, 어머니는 너무 행복해하셨다. 한참 어머니 옷가지를 정리를 하고 있는데 왜들 내 옷을 정리하느냐고, 내가 다음에 천천히 할 테니 오늘은 앉아서 같이 놀자고 하셨다. 하는 수 없어 서울로 이사를 간단 말을 드리자, 그때부터 닭똥 같은 눈물을 뚝뚝 떨어뜨리는 것이었다. 내 손을 붙들고, 내가 너를 안 보고 어찌 살라고 하느냐고 대성통곡을 하셨다. 올케가 새 집에 어머니 방을 예쁘게 꾸며 놓았으니 체면상 잠시 올라가 계시면 내가 다시 모시러 간다고 어린애처럼 달래었더니 그제야 울음을 그치셨다. 순간, 치매 증세가 더 심해져 이런 상황도 인지를 못하시면 어머니가 행복하실 텐데 하는 생각마저 들었다.

 망각이란 때론 좋은 것 같다. 어머니가 정신이 맑다면, 일생 함께 붙어 있던 나랑 헤어지는 걸 잠시도 못 견디실 게다. 정신이 돌아왔을 땐 슬퍼하다가도 10분만 지나면 뇌에 DEL키를 누른 것처럼 다 지우고 원상태를 회복하신다. 그게 슬프면서도 이런 땐 얼마나 다행인가 싶다.

 오늘은 어머니를 우리 집에 모시고 왔다. 이사 가기 전에 하룻밤이라도 어머니랑 보내고 싶어서다. 함께 밥을 지어 먹고 TV를 보며 놀다가, 이제 욕조에 물을 가득 받아 몸을 씻기러 들어간다. 어머니 목욕을 시키는데 오늘따라 납작한 엉덩이와 앙상한 다리가 너무 애처롭다. 한쪽으로 계속 누워서인지 한쪽 엉덩이엔 까만 피멍까지 맺혀 있다. 차마 못 볼 걸 본 것처럼 가슴이 아린다. 어머니가 정신이 온전할 땐 나랑 자주 목욕을 했다. 그땐 몸이 이렇게 여위지는 않았다. 어느새 마른 갈대처럼 되어 버린 어머니 몸을 보며 눈물이 하염없이 흘러내린다. 이런 내 마음을 아는지 모르는지 어머니는 아기처럼 재잘거리며 행복해하신다. 어릴 적에 외할머니가 당신 목욕을 시켜 주시던 생각이 난다고 하시는 걸 보면, 지금 당신은 아기로 돌아가 있는 게다.

참으로 얼마 만이던가. 어머니랑 단둘이 누워 도란도란 이야기꽃을 피운 게…. 내 손을 만지작거리며 엄마 품에 안긴 아기처럼 행복해하시는 어머니를 보며, 사는 걸 핑계로 그동안 좀 더 함께하지 못했다는 자책이 울컥하고 밀려온다. 부모님을 모두 떠나보낸 남편이 "돌아가시고 후회하지 말고 어머님 살아계실 때 잘하라."고 하던 말이 새삼 죽비처럼 가슴을 콕콕 찍는다.

매사에 긍정적이고 세상 파고를 거침없이 돌진하던 전함이, 이제 엔진도 녹슬고 나침반도 고장 난 채 무인도에 닻을 내리고 사그라져 가고 있다. 남편 없이 5남매를 훌륭하게 키워 낸 여장부! 그렇게 싱그럽고 곱던 얼굴엔 세월이 할퀴고 간 상흔이 어지럽다. 피부는 마른 버섯처럼 푸석거리고, 푹 팬 주름 골짜기엔 지난한 어머니 삶의 일기가 빼곡하게 박혀 있다. 전쟁같이 한바탕 장사를 치르고 집으로 돌아오던 날에 귀환 장수처럼 의기양양하시던 모습, 내가 일류학교인 K여중에 입학했을 때 온 세상을 얻은 듯 뿌듯한 미소로 기념사진을 찍던 모습, 내 첫아이를 등에 업고 버스 정류장에 퇴근하는 나를 기다리시던 모습도 그 속에 있다.

음악을 좋아하던 어머니가 돈을 벌어 처음으로 장만한 전축에서 듣던 이미자의 '여자의 일생'을 들려 달라고 하신다. 함박꽃 같은 미소를 지으며 따라 부르시더니 어느새 잠이 드셨다. 그 옛날 철통방어로 나를 지켜 주던 울타리, 든든한 바위로 버팀목이 되어 주시던 어머니다. 그런 나의 보호자가 이제 다섯 살배기 아기로 돌아와 내 품 안에서 새근새근 자고 있다.

모 가수의 '인연'이란 노래가 흐른다.

약속해요 이 순간이 다 지나고 다시 보게 되는 그날
모든 걸 버리고 그대 곁에 서서 남은 길을 가리란 걸
인연이라고 하죠. 거부할 수가 없죠.
내 생에 이처럼 아름다운 날 또다시 올 수 있을까요
고달픈 삶의 길에 당신은 선물인걸.
이 사랑이 녹슬지 않도록 늘 닦아 비출게요.

　인간의 한생(生)은 수많은 인연으로의 만남과 이별의 연속이 아닐까? 태어나면서 부모와 자식 간의 인연이 시작되고, 세상 속에 나아가 성장하면서 무수히 많은 조직과 공동체 속에서 인연을 맺으며 만남과 이별을 되풀이한다. 그러다가 나중엔 이승의 모든 이들과 사슬을 끊고 조용히 떠난다. 그러니 이별을 마냥 슬퍼하고 가슴 아파할 일이 아닌 게다. 유한한 생명을 가지고 태어난 인간의 삶의 여정이 만남과 이별의 연속이라면, 조금은 쿨하게 이별하는 연습이 필요하다. 언젠간 나와 연을 맺은 세상의 모든 이와 이별해서 홀연히 훌훌 이승을 떠날 그날을 대비해서 말이다. 그런데도 나는 마음이 여려서인지 아직도 이별에 약하다. 잠시라도 나와 연을 맺고 마음을 준 대상은 그게 사람이든 사물이든 헤어지기가 아쉽다. 하물며 일생을 붙박이처럼 함께 살아온 엄마는 말해서 무엇하랴. 여태 함께 살았으니 그게 당연한 현실이 되어 버린 게다. 한번도 어머니랑 헤어지는 걸 상상해 본 적이 없다. 어쩜 겉으론 내가 어머니 보호자이지만, 기실은 내가 어머니 그늘에서 이제껏 힘을 얻고 살고 있었는지도 모를 일이다.

　새삼 어머니랑 맺은 모녀의 인연에 감사할 따름이다. 새로 태어난다고 해도, 나는 이 인연으로 다시 태어나고 싶다. 그땐 내가 어머니의 어머니가 되어 이승에서 받은 은혜를 원 없이 다 갚아 드리고 싶다. 나는 오늘도 기도한다. 남은 삶, 어머니가 우리와 함께 착한 아기처럼 살다가 평화롭게 돌아가시기를….

　언젠가 담양 죽녹원에 갔을 때 어머니를 생각하며 지은 시를 어머니께 바친다.

마디진 어머니 사랑

죽녹원의 푸른 대숲
바람결에 춤춘다
하늘을 향해 곧추선 기상,
사군자의 한 자리,
제 잘난 듯 우쭐거린다

다져진 흙길 위에
볼품없이 불거진 뿌리

숱한 인간과 맹수들의 발자국
온몸으로 버티어 온
인고의 세월이
굳은살로 박혀 있다

시린 발 바위 땅에 디디고
비바람, 눈보라 맨몸으로 맞으며
자양분 빨아올려
줄기와 잎 살찌우고
찬란한 꽃 피워 내는
숭고한 천명(天命)

마디마디 굵어진 손가락
울퉁불퉁 튀어나온
짙푸른 힘줄,
자식을 위한
조건 없는
어머니 사랑.

빈껍데기

– 제7회 장려상 수상작

이태린

수상 소감

　디멘시아 문학상 공모전를 준비하면서 얻은 중요한 것이 있습니다. 글을 쓰는 과정은 자기 자신의 내면을 깊이 성찰하는 과정이라는 것을 알게 된 것입니다. 수기 부문 응모를 위해 이 글을 쓰면서, 저는 가족을 진심으로 이해할 수 있는 귀중한 시간을 보냈습니다.

　이 글을 쓰기 전에는 가족을 향한 원망 아닌 원망의 마음을 품고, 보이지 않게 적당한 경계를 그어 놓고 살았습니다. 나만 엄마를 위하는 양, 얕은 내 생각으로 형제들을 향해 이러쿵저러쿵 많은 말을 쏟아 내었습니다. 하지만 이 글을 쓰면서 이전의 그런 태도와 생각들이 오만하고 교만한 것이었음을 알게 되었습니다. 우리 가족은 지금껏 각자의 자리에서 최선을 다하면서 잘 살아왔다는 것을 깨달았고, 우리가 지나온 시간은 어쩌면 시대적 아픔이었으며 그 과정에서의 피할 수 없었던 어려움을 우리는 모두 잘 견디고 살아왔다는 것을.

이번 디멘시아 문학상 공모전은 저에게 매우 특별한 의미가 있습니다. 우선 공모전을 준비하면서 제 부족함을 알게 되었습니다. 엄마와 함께한 시간들을 정리하고 한 자 한 자 글로 적어가는 과정은 저를 새로운 단계로 성숙하게 해 주었습니다. 또한 가족을 이해하는 마음으로 바라볼 수 있게 해 주었으며 앞으로 저희 팔 남매가 함께 웃으며 지낼 수 있는 많은 날들에 대한 희망을 갖게 해 주었습니다. 그것이 저에겐 수상보다 더 큰 의미이자 기쁨입니다. 감사합니다.

엄마란 존재는 그 이름만으로도 우리에게 충분하다는 걸 왜 지금에야 알게 될까? 세상에 많은 자식들이 부여해 준 엄마라는 이름표, 또 다른 엄마 되어 왜 잊고 살았을까? 살다 보니 그랬다고, 힘들어서 그랬다고, 너무 바빠서 그랬다고 참 핑계도 많다. 열 달 고이고이 품어, 놓으면 깨질세라 불면 날아갈세라 긴긴밤 지새우면서 온몸으로 지켜 온 내 새끼에게 알맹이 다 내어 주고 이젠 빈껍데기만 남은 엄마.

엄마는 평생 시골살이에 땅 한 평을 자기 이름으로 가지지 못하고 화전밭을 일구어 고구마, 감자, 콩 농사를 짓고 살았다. 아들 여섯에 딸 둘, 8남매를 건사하기엔 그리 녹록지 않은 가난한 살림살이였다. 아버지는 늘 병약하여 일을 못했고, 엄마가 남의 집 품팔이를 하며 끼니를 이어 갔다.

새끼들 끼니 걱정에 어찌 마음 편안한 날이 있었을까? 아픈 아버지 병시중만으로도 힘들었을 텐데, 자식들 커 가는 과정에서 엄마 삶의 무게가 얼마나 고단한 삶이었을지 감히 짐작하기도 어렵다. 그 모진 세월을 강건하게 버텨 온 우리 엄마. 나에게는 하늘 같은 엄마였다.

그런 엄마가 어느 날부터인가 냉동실과 냉장실의 구분을 못한다. 과일이 냉동실에 있고 냉동실에 있을 생선은 냉장고에서 썩어 가도 모른다. 늘 먹던 반찬 한 가지만 먹고, 반찬을 챙겨 드려도 냉장고에 그대로 두었다가 버리는 경우가 많아졌다. 자식에게 부담되기 싫다고 죽는 그날까지 혼자 살겠다고 버텨 온 엄마다. 걱정하는 나에게 엄마는 늘 말씀하셨다.
"괜찮다, 괜찮다. 아직은 그럭저럭 살만하다. 그러니 걱정하지 말거라."

2020년 1월 중순경 새벽 다섯 시가 조금 넘은 이른 시간에 전화벨이 울렸다. 엄마였다. 허리가 너무 아파 집 근처 보건소에 갔는데 문을 안 열어 준다고 하셨다.
"이 새벽에 보건소를?"
그런데 그다음 말에 더 놀랐다.
"집을 어느 쪽으로 가야 하는지를 통 모르겠다."
아, 수십 수백 번을 다녔을 길인데 기억을 못한다니. 그날따라 영하 엄동설한의 추운 날씨였다. 우선 급한 마음에 엄마와 통화를 하면서 아무 집이나 들어가서 문을 두드려 보고 사람이 나오면 전화를 바꿔 달라고 하며 안정을 시켰다. 그날 이후 엄마는 조금씩 이상 행동을 보였다. 우선 급한 마음에 관할 보건소에 전화로 엄마의 상태를 이야기하고 상담을 받았다. 상담 직원은 친절하게 보건소 내원 날짜를 잡아 주었다. 보건소에서 단계별 검사를 매주 한 번씩 3번에 걸쳐 진행하였다. 그리고 보건소에서 추천하는 가까운 2차 병원에서 최종 MRA검사를 진행했다. 기억을 담당하는 해마의 크기와 혈관의 상태를 검사했다. 검사 결과 엄마는 자신도 모르게 지나간 뇌출혈로 인해 혈관성 치매와 알츠하이머 복합성 치매 5등급 진단이 나왔다. 예후가 좋지 않은 거라고 의사는 말했다. MRA의 사진에 엄마의 뇌혈관은 육안으로 보아도 작은 꽈리가 대여섯 개 이상 보였다.

그 이후로도 엄마의 증상들이 여러 가지로 나타나기 시작했다. 시간 개념을 잃어버린 것처럼 낮이고 밤이고 새벽이고 전화를 했다. 낮에는 그럭저럭 넘어가는 경우가 많은데 늦은 밤이나 새벽에는 전화벨이 울리면 가슴이 철렁 내려앉는다. 혹시나 또 어딜 헤매고는 있지 않나 싶어서 늘 불안한 마음을 놓지 못했다. 내가 사는 천안에서 엄마가 계시는 전북 완주군이 그리 가깝지만은 않은 거리이다. 한 시간 반 이상, 차가 밀리는 시간대는 두 시간이 족히 넘게 걸리는 거리다. 마음먹은 대로 달려갈 수가 없었다.

엄마가 워낙 완고하게 혼자 지내시겠다고 해서 우선은 먼저 건강보험공단에서 실시하는 방문요양 서비스를 신청하여 식사와 약 챙기는 일 등 세 시간의 방문요양 서비스를 받았다. 방문요양 서비스를 받는다고 해도 그 시간 외에 벌어지는 일들은 어찌할 도리가 없었다. 지남력 상실로 엄마는 시간 개념을 잊어 가고 있었다. 엄마는 생각날 때마다 약을 먹어 문제가 되었다. 하루에 한 번만 먹어야 하는데 혈압약을 먹었는지 안 먹었는지를 모르고 중복해서 먹는 바람에 약에 중독되어 위급한 상황에 부닥치기도 했다. 건강보조식품의 경우도 약이라고 생각하고 먹으면 좋아질 거라 생각했는지 한 번에 너무 많이 먹어 설사를 하는 등 여러 문제가 생겼다. 도저히 혼자서 지낼 수 있는 상황이 아니었다. 엄마의 인지 상태로 혼자서 지낸다는 것은 더 큰 문제를 일으킬 수 있다는 판단이 들었다.

1. 못난 자식들

엄마의 건강 상태로는 더 이상 혼자서 지낼 수 없음을 알기에 앞으로 어떻게 해야 할지 가족회의를 했다. 엄마를 누가 돌봐야 할지, 아니면 요양원에 보내야 할지에 대해 누구도 어떻게 하자는 말을 못했다.

장남인 큰오빠는 40년 전에 잘살아 보겠다고 서울로 상경하여, 처음 시작한 10평 정도 되는 반지하에서 지금껏 살고 있다. 큰새언니 또한 이제껏 단 하루도 쉬지 않고 무슨 일이든 다 하며 살았지만 그 가난에서 탈출하지 못하고 살고 있다. 아들, 딸자식 공부시키고 먹고살기에도 빠듯하니 장남이라는 이유 하나로 어머니를 돌봐야 한다는 소릴 아무도 할 수가 없다. 게다가 위암 수술에 뇌출혈 증세로 뇌혈관 수술을 받은 지 얼마 되지 않아 본인의 건강 상태도 온전치 못한 실정이다. 그 누가 무슨 말을 어떻게 할 수 있겠는가? 우리는 그저 말없이 앉아 있을 뿐이었다.

둘째 오빠 또한 혼자서 결정할 수 있는 일은 아니다. 둘째 새언니는 자기애가 강하다. 엄마를 맡을 수 없다는 것을 나는 이미 알고 있다. 게다가 둘째 오빠는 지금도 부모 원망을 하고 있다. 둘째 오빠는 공부를 제법 잘했다고 한다. 오빠가 국민학교를 다닐 때만 해도 월반 제도가 있었는데, 국민학교를 4년 만에 졸업했다고 늘 자랑처럼 얘기한다. 왜 자기를 더 가르치지 않았냐고 늘 원망의 소릴 엄마에게 해댄다. 그런 오빠는 악착같이 노력하여 중산층 정도로 살고 있는 편이다.

셋째 오빠는 나무 농사를 했는데, 나무를 옮기는 작업을 하다가 나무와 같이 추락해 허리 수술을 크게 한 이후로 거의 일을 못하고 있다. 언니가 병원 식당에 취직해서 가정을 꾸려 나가고 있다.

넷째 오빠도 아파트 공사장에서 타일을 붙이는 일을 하다가 아파트 4층 높이에서 추락 사고를 겪고 난 이후 여러 가지 이유로 이혼하고 지금은 겨우 공공 일자리 일을 하면서 지내고 있다.

다섯째 오빠 부부는 둘 다 직장 생활을 하고 있어 엄마를 맡을 수 없다는 의사 표현을 분명하게 제일 먼저 말했다.

하나뿐인 친정 언니의 형편도 다르지 않다. 언니 나이 43세에 심장마비로 형부가 돌아가신 이후로 딸네 집에서 손녀 아이 둘을 돌보고 있어 엄마를 모셔 갈 수 있는 형편이 안 된다.

여섯째는 장가도 안 가고 혼자서 지내고 있는데 알코올 중독자로 차상위 보호 대상으로 보호를 받고 있다. 나 또한 이제 막 재혼해 새로운 가정을 시작한 지 얼마 되지 않아 선뜻 나서지 못했다.

그 지독한 가난에도 어느 집 머슴 하나 보내지 않고 밥 굶기지 않고 8남매를 강건하게 키워 낸 엄마다. 그런데 지금 우리 8남매는 하나밖에 없는 엄마를 모실 수 없다고 한다. 저마다 이유 같지 않은 이유를 둘러대고 있다. 열 자식 한 부모 못 돌본다는 옛말이 어쩜 그리 딱 맞는 표현인지 가슴이 내려앉는다. 그저 남의 이야기인 줄 알았던 말이, 나와는 전혀 상관없는 것처럼 무심하게 흘렸던 말이, 현실이 되어 지금 내 앞에 있는 엄마를 한없이 초라하게 하고 있다. 결코 적다고 할 수 없는 8남매 중 어느 누구 하나 엄마 한 사람을 선뜻 모실 수 없다니…, 아들딸 많다고 훗날 호강할 거라고 말도 많이 했었는데 현실은 참 슬픈 일이 되었다.

부모 마음 따로, 자식 마음이 따로 인가 보다. 그렇게 숨 막히는 침묵이 온 집 안을 무겁게 짓눌렀다. 그렇다고 무턱대고 요양원으로 모셔야 하지 않겠냐는 말도 못하고 있다. 하는 수 없이 엄마를 혼자 지내게 해서는 안 된다는 결론에 그나마 형편이 되는 우리 집으로 모시기로 했다. 엄마는 아직도 본인이 치매라는 생각을 못한다. 내가 무슨 치매냐고 말도 안 되는 소리라고 말도 못하게 한다. 남편에게 미안한 마음은 많지만 어쩔 수 없었다. 남편은 그런 나에게 괜찮다고, 다 같은 자식인데 미안해하지 말라고, 미안해해서도 안 되는 거라고 말을 하면서 나를 꼭 안아 주었다. 엄마와 나와의 동거가 그렇게 시작됐다.

2. 박복순의 전성기

우리 엄마 이름은 박복순이다. 누가 박복순 그 이름을 불러 주었을까?

자식들 이름 뒤 누구네 엄마로만 살았다. 그런 박복순 여사의 긴 생애를 이 짧은 글로 다 표현할 수 있을까 하는 생각도 든다. 그래도 지난 시절을 뒤돌아보며 엄마의 생애와 마음을 조금이라도 알아보고 이해하고 싶어서 지난 옛 기억을 천천히 더듬어 본다.

엄마는 1945년 해방되던 해 봄, 열다섯 살에 시집을 왔다. 가난한 집안의 첫째인 아버지는 촌사람으로는 어울리지 않게 콧날이 오뚝하며 피부는 하얗고 선비 티가 나는 말수가 적고 내성적인 사람이었다. 키 작고 몸이 약한, 땅 한 평도 없는 가난한 시골 남자. 말수도 적고 일도 잘 못하는 남자, 약골이어서 약탕기를 늘 달고 살던 아버지 얼굴 한번 못 보고 시집을 온 것이다. 그저 외할머니가 시집가라고 하니 온 거라 했다. 2남 3녀의 장녀로 태어난 엄마는 덩치도 좋고 부지런한 사람이었다. 열다섯에 시집온 엄마는 남의 땅을 빌려서 농사를 지었다. 자기 땅이 없는 엄마는 부지런히 화전 밭을 일구어 고구마, 감자, 옥수수, 콩 농사를 지어 자식들 밥 굶기지 않고 근근이 생계를 이어 갔다.

일제 강점기를 걸치고, 6·25전쟁을 몸소 겪어 낸 엄마는 단단한 사람이었다. 한국전쟁을 겪어 낸 터라 어느 한 곳도 온전한 곳이 없을 만큼 가난한 시절이었다. 시골 가난한 농부네 살림살이 사정이야 말로는 다할 수 없는 시절이었다. 엄마는 가끔 6·25전쟁 때 겪은 일들을 이야기해 주었다. 그때 인민군들이 동네 사람들이 입고 있던 옷까지도 빼앗아 가서, 저녁이면 옷을 빼앗기지 않으려고 옷을 입고 또 그 위에 입어 마치 공 같았다고 했다. 몇 벌 되지 않은 옷을 뺏기면 추운 겨울을 나기가 너무 힘들었다고 어제 일처럼 이야기를 한다. 엄마는 배고팠던 보릿고개 시절의 이야기를 재미나게 해 주었다. 소나무 속 안에 하얗고 고운 나뭇결을 깎아 학독(곡식을 물에 불려 갈기 위하여 돌로 납작스런 구유 같은 조리도구)에 갈아서 밀가루 조금 넣고 죽으로 먹었던 일, 싸라기(쌀 방아를 찧으면서 생기는 찌꺼기) 그 맛이 달달하니 먹을 만했다고, 자식새끼 키우면서 제대로 먹지 못했으니 어찌 젖이 나올 수가 있겠냐고 쌀가루 풀 암죽을 끓여서 식히느라 숟가락으로 닥닥 소리 내면 어느새 먹을 게 나온다는 걸 금세 알아차리고 방긋방긋 웃었다는 큰오빠 키우던 슬픈 이야기를 엊그제 일처럼 담담하게 했다.

'논 한 마지기 사기보다 먹는 입 하나 줄이는 편이 낫다.'는 말이 있다. 이는 먹고살기가 힘든 시절을 말하고 있다. 그 어려운 시절에 가난한 집 부모들은 먹는 입 하나 줄이는 의미로 있는 집에 자식들을 머슴으로, 식모로 보내는 경우도 허다했다. 가난한 살림에 먹는 입 하나를 줄인다는 것은 큰일이기도 했던 그 시절을 겪으면서도 엄마는 어느 한 자식 남의 집 머슴으로 보내지 않고 먹이고 입혀서 아들 여섯에 딸 둘, 8남매를 지켜 냈다. 배움에 눈을 뜨지 못한 엄마는 자식들을 가르쳐야 한다는 것은 알았지만 삶이 허락하질 않았다. 그래도 그 어려운 시절 큰오빠는 집에서 서당 훈장님을 두고서 천자문과 사서삼경을 배웠다. 엄마는 그때 이야기를 가끔씩 자랑스럽게 하곤 한다. 그때가 참 재미있었다며 훈장님 이야기도 빼놓지 않는다. 밥을 참 많이도 먹는 훈장님이었다고. 그리도 어려운 형편에도 훈장님을 집에 두고 밥을 해 주면서까지 큰오빠를 가르칠 수 있었던 것은 엄마만의 결단이었다. 정작 엄마는 한글, 그 당시 말로 국문도 모르는 엄마였다. 그런 엄마가 육십이 넘은 나이에 한글과 숫자를 익혔다. 지금도 엄마는 글 읽는 것을 좋아한다.

'가지 많은 나무에 바람 잘 날 없다.'고 자식 많이 둔 부모가 어찌 마음 편할 날이 있었겠는가? 아들 여섯에 딸 둘, 8남매를 두었으니 어디 한번 엄마 하고 싶은 것을 제대로 하고 살 수 있었을까? 그래도 아들 여섯에 딸 둘, 8남매를 품에 두고 키웠을 그때가 우리 엄마 박복순의 전성기였다.

3. 엄마와 동거 시작

참 많은 시련을 참고, 많은 것을 견디고, 오랜 세월을 묵묵히 버텨 온 우리 엄마. 한 시대를 거슬러 가난한 삶에 굴하지 않고 끝까지 강건하게 자기 자신을 지켜 온 엄마다. 그런 엄마가 자신을 조금씩 잊어 가는 중이다. 자신의 의지와 상관없이 일어나는 일에 엄마도 적응하기 어려워하는 모습을 보이고 있다. 내가 왜 그런지 모르겠다는 말만 되풀이하고 있다. 막내딸 집에 몇 번 온 적이 없어 아마도 낯설게 느껴졌을 것이다. 문만 열면 마당이고 앞산과 들이 훤히 보이는 시골에서 살다가 온 아파트는 더욱 낯설고 답답했을 것이다. 그렇다고 시골집이 큰 것도 아니다. 고작 방두 칸과 작은 부엌, 마당에 작은 창고 겸 화장실이다. 그래도 방문을 열면 바로 앞산의 봄, 여름, 가을, 겨울의 변화를 한눈에 볼 수 있고, 오고 가는 사람들을 볼 수 있으니 혼자서 지낸다고 해도 그리 심심하진 않았다. 엄마가 평생 살아온 집이니 눈을 감고도 다닐 수 있을 정도다. 그렇게 익숙한 곳을 뒤로하고 낯선 도시 14층 아파트에 왔으니 말씀은 안 해도 내심 많이 불안하고 불편하셨을 거다. 그렇다고 엄마가 그 시골집에서 혼자 지낼 수는 없다.

  엄마의 인지 저하로 가장 불편한 점은 밤낮의 구분을 못한다는 것이다. 그나마 낮에는 괜찮은 편인데 우리가 자고 있는 밤에 꼭 일이 벌어진다. 잠을 일찍 자는 편이어서 새벽이면 꼭 사달이 난다. 새벽 두세 시경 무렵에 일어나 아파트 문을 열고 나간다. 온 지 얼마 되지 않아 아파트 구조가 낯설어 일어나면 시골집으로 착각을 해 문부터 열고 나간다. 엄마가 온 후에는 예민해져 깊은 잠을 자지 못하는 경우가 많았다. 처음엔 우왕좌왕 모르는 게 많았는데 보건소에서 치매 등급을 판정하는 것만이 아닌 일상생활도 지원한다는 것을 알았다. 우리 집 근처 치매안심센터에서 상담을 받고 제일 먼저 경찰서에 최근 찍은 사진으로 엄마 신분증을 등록하였다.

  각종 인지 저하에 도움이 되는 모형 맞추기, 따라 그리기 등 많은 정보 자료와 기저귀, 생활 도구(미끄럼방지 목욕 의자, 화장실 안전 손잡이, 방수 매트, 침대 안전 손잡이, 지팡이, 걸음걸이 보조기구, 요실금 팬티, 양말 등)들이 있어 많은 지원을 받았다. 문 앞에 센서를 달아 두고 안전장치를 이중 삼중으로 해 두었다. 엄마도 새벽에 집을 나가 배회하는 일은 점차 줄어들었으나. 다른 증상들이 하나둘 나타나기 시작했다. 섬망 증상이 나타나면 어떤 설명도 통하지 않았다. 뭔가 조금만 불편과 불안을 느낄 때면 누가 당신을 죽이려고 한다고 소리 소리를 질러 댄다. 아무 설명이 통하지 않는다. 그럴 때는 엄마의 말에 최대한 호응하고, 꼭 안아 드리는 것이 내가 할 수 있는 전부다. 그때그때 의사에게 엄마의 상황을 잘 설명하고 그에 맞는 약을 처방받아 먹으면서 엄마는 조금씩 안정을 찾았다. 그렇다고 해서 인지 기능이 좋아지는 것은 아니다. 엄마는 평소처럼 안정을 찾으면 늘 나만 보면 "내가 죽어야 하는데 얼른 죽어야 하는데." 노래를 한다. 한편으로는 이해를 하면서도 계속 같은 말을 들을 때는 얼마나 힘든지 짜증이 날 때가 많다. 나도 내가 먼저 죽을 것 같단 소릴 한바탕하고 나면 나 또한 속상해서 엄마 몰래 눈물을 훔친다.

부모는 자식을 그저 모든 일들을 묵묵히 받아 주고 응원해 가면서 키웠다. 같은 말 수백 번 반복해서 또 하고 또 했을 것인데 난 엄마의 죽어야 한다는 그 반복되는 한마디에 짜증을 내고 있다. 나 또한 자식이고 또한 엄마다. 내 자식에겐 엄마처럼 그저 묵묵히 내 알맹이 다 내어 주고 내 자식들을 키웠다. 자식은 결코 부모 마음을 다 헤아릴 수 없는가 보다.

엄마의 기억은 지금 과거에 머물러 있다. 그 옛날 외할머니한테 맞고 컸던 일, 밭에서 일만 했던 일, 아버지한테 맞았던 일, 아버지가 동네 과부 아줌마랑 바람을 피웠던 일, 한마디도 틀리지 않고 녹음기처럼 한 이야기 또 하고 또 한다. 감정변화, 건망증, 기억장애, 성격의 변화, 언어장애, 지남력 장애, 혼돈, 기억 저하, 언어, 판단력 등의 여러 영역의 인지 기능이 감소하여 일상생활을 제대로 수행하지 못하는 것이 치매다. 참 안타깝고 슬픈 병이다. 엄마는 요실금으로 인해 오래 참지 못하고 거의 화장실 문 앞에서 오줌을 싸는 경우가 많다. 그래서 화장실이 가장 가까운 곳을 엄마 방으로 정했다. 엄마가 잘 적응하고 남편과도 잘 지내면서 더 악화되지 않고 살아갔으면 하는 바람밖에 없다.

4. 똥과 깨달음

엄마가 화장실에 들어간 지 30분이 넘어도 나오지 않는다. 문을 열고 들어가 보니 기저귀에 똥을 싸 그 기저귀를 변기에 빨고 있었다. 깜짝 놀라 "엄마 지금 뭐하고 계세요?"라고 물었더니, 엄마가 천연덕스럽게 대답한다.

"내가 기저귀에 똥을 싸서…, 너 힘들게 안 하려고 내가 깨끗하게 빨았다."

기저귀에 묻은 똥을 변기에 털어 내고 그것을 빨고 있었으니 물먹은 일회용 기저귀는 커다랗게 부풀어 무거운 공처럼 되어 있었다. 엄마는 그런 기저귀를 깨끗이 빨려고 했다며 헹구고 또 헹구고 있었다. 공처럼 된 기저귀를 들고 있는 엄마는 예전에 강건하고 깔끔한 모습은 간 곳 없고 전혀 낯선 모습으로 서 있었다. 순간 너무 안쓰러워 마음이 아프다 못해 가슴이 뭉클한 것이 밀려와 말을 못하고 침을 꿀꺽 삼켰다. 화장실 안은 온

통 여기저기 똥물이 튀고 작은 똥 덩어리가 묻어 난리도 아니었다. 우선 엄마부터 씻기고 난 후 화장실 대청소를 했다.

 엄마는 씻는 내내 나를 보면서 고생시켜 미안하다고, 힘들게 해서 미안하다고 한 말을 하고 또 했다. 엄마는 내 똥 기저귀를 하루 이틀도 아니고 엄마 뱃속에서 탯줄을 자르고 나온 그 순간부터 기저귀를 뗄 때까지, 거의 돌잡이가 끝나고도 한참 후까지 그 똥 기저귀를 빨고 또 빨았을 것이다. 내 새끼 똥이라고 그 똥조차도 예쁘게 싼다고 하면서 빨고 빨아 지금의 나로 예쁘게 고이 키워 왔다. 그런 엄마가 겨우 한 번 대변 실수했다고 연신 나에게 미안하다고 말을 한다. 엄마의 똥은 지난날 엄마에게 잘못한 일들을 생생하게 기억나게 했다. 난 아직도 어쩔 수 없는 엄마에게 그저 철없는 막내딸이다. 부모는 자식을 온몸으로 품어 자신의 목숨 같은 알맹이를 다 녹여 낸다. 그 목숨 같은 엄마의 알맹이가 나다. 또 다른 엄마의 모습에 마음이 미어졌다.
 '엄마, 미안하고 고마워. 엄마 딸이어서 너무 다행이야.'
 이 말을 속으로만 되뇌며 눈물로 삼켜 냈다.

 2015년 겨울, 30년이라 긴 세월을 함께한 결혼 생활을 정리하고 혼자 살아야 했다. 죽으려고도 해 보았지만 죽는 것 또한 내 마음대로 선택할 수 없다는 것을 깨달았다. 나머지 인생을 살기 위한 수단으로 나이 오십이 넘어 간호조무사 자격증을 취득하여 요양병원에 취직했다. 요양병원은 특성상 삶의 끝자락을 붙잡고 있는 환자들이 대부분이다. 우리 몸은 우리의 마음을 반영한다. 마음이 아프면 몸도 따라서 아프다. 여기 누워 있는 많은 환자들 또한 대부분 마음이 많이 아픈 환자다. 목사님으로, 경찰관으로, 군인으로, 누구네 어머니로, 누구네 아버지 등으로…, 다양한 이름으로 가족을 위해, 사랑하는 이들을 위해 치열하게 살아왔을 것이다. 그러나 삶의 끝자락이라고 해서 죽음을 문턱에 두고 있는 것은 아니다. 그들도 똑같이 사랑하고 싶어 하며 또 사랑을 받고 싶어 한다. 하지만 건강을 다시 회복하여 집으로 돌아가는 경우는 극히 드물다. 대부분은 치매나 뇌졸중으로 중증 마비 증세를 겪어 누군가의 돌봄의 손길이 꼭 필요한 상태이다. 간호조무사로 요양병원에 근무하면서 치매 환자를 돌보았던 경험이 엄마랑 함께 지내는데 많은 도움이 되었다. 요양병원에서 보낸 시간은 나에게는 보물 같은 시간이었다. 생각해 보면 미리 안전한 예방주사를 한 대 맞은 셈이 되었다.

  요양병원 근무에서 가장 힘든 것은 냄새다. 환자들이 거동이 불편하다 보니 거의 침대에서 대소변을 해결하는 경우가 많다. 그 냄새에 익숙지 않은 나는 똥 냄새에 적응을 못해 힘들었다. 속이 울렁거리고 헛구역질을 하고 모든 것을 다 토해 낼 정도로 힘들었다. 몸이 고단하게 일하는 것보다 몇 배가 더 힘들다. 아무리 적응을 해 보려 해도 그리 쉽게 적응을 못했다.
  하루는 화장실에서 똥을 싸고 있는데 내가 싼 똥이 환자에게서 나는 냄새와 똑같은 냄새가 나는 거였다. 순간 뒤통수를 한 대 꽝하고 맞은 기분이 들었다. 내가 싸는 똥 냄새는 역겹지도 구역질도 하지 않고 있었다. 같은 냄새인 건 분명한데 내 똥 냄새는 아무렇지 않게, 아니 향기롭지는 않지만 그런대로 맡을 만한 것이다. 남의 똥 냄새는 역겹고 내 똥 냄새는 별거 아니라고 생각하는 것 자체가 나의 편견이고 오만이었다. 얼마나 이기적인 일인가? 생각해 보면 내 똥 냄새가 더 구리다. 먹는 것 또한 내가 더 오만 잡것을 먹고 더 많이 싸고 있다. 어찌 환자들이 싸는 똥에서만 냄새가 난다고 그리 난리법석을 피웠을까?

 화장실 변기에 앉아 한참을 생각했다. 자기 자신에게는 한없이 너그럽게 대하면서도 타인에 대해서는 엄격하다 못해 편견의 잣대를 더하여 평가한다. 나 또한 그렇다. 들키고 싶지 않은 나 자신을 적당한 허울로 때론 안 그런 척, 아닌 척 포장하고 살았다. 요양병원에 누워 있는 환자들과 별반 다를 것도 없으면서 뭣이 잘났다고 잘난 척을 하며 살았는지. 그 모습이 바로 내일의 내 모습이 될 수도 있다는 것을 못 본 척하고 살았다. 우리는 그 무언가의 서로 보이지 않은 수많은 끈으로 연결되어 살아간다. 부모와 천륜의 관계, 스승과 제자의 관계, 친구와 우정의 관계, 이웃사촌의 관계, 그 외의 많은 부분 보이지는 않지만, 서로 주고받으며 관계를 맺고 산다. 보이지 않는 그 누군가의 도움으로 또 다른 그 누군가를 도우면서 살아가고 있다.

 요양병원에서의 근무는 나 자신을 다시 찾는 계기가 되었다. 요양병원에 계신 환자들이 오히려 나를 살리고 있었다. 나는 내 똥 냄새로 내 마음에 얽히고 맺혀 있던 응어리 같은 것을 녹여 내는 방법을 배웠다. 나의 편견이 얼마나 어리석은 일인지를 알았다. 내 똥 냄새는 나를 완전히 다른 사람으로 바꾸어 놓았다. 적당히 좋은 척, 때론 아닌 척을 하면서 살아왔던 그 가식을 내려놓았다. 이혼의 아픔 또한 내 삶의 한 부분으로 남겨 놓아도 괜찮다는 것을 알았다. 그 후로 병실에서 그 어떤 환자가 어떤 똥을 싸든 상관없이 자유로워졌다. 아니, 환자의 상태를 똥으로 파악할 수도 있었고, 대장암 환자의 대변 주머니를 갈아 줄 때도 그 역함에서 자유로워질 수 있었다. 이혼하고 살기 위한 하나의 직업으로 선택한 간호조무사의 일은 나의 후반기의 남은 삶을 새로운 방향으로 전환하는 계기가 되었다.

　요양병원에서의 일들을 정리하고 기록하는 과정에서 쓰던 글을 직원들과 공유하다 보니, 주변에서 글쓰기를 한번 제대로 배우면 좋겠다며 공부를 권유했고, 그 결과 현재는 경희사이버대 문예창작과 4학년에 재학 중이다. 경희사이버대 문예창작과를 다니면서 하나의 꿈이 생겼다. 간호조무사로 근무하다 보니 병간호하는 일이 나에게 천직처럼 딱 맞는 일인 것을 알았다. 이왕 간호 일이 천직이라면 공부를 더 해 보고 싶었다. 환자를 위한 일은 곧 나 자신을 위한 일이기도 하다. 환자를 돌봄에 있어 간호를 전문적으로 배운다는 것은 나에게 의미 있는 삶이 될 것이다. 그래서 조금 늦은 나이이긴 하지만 간호대 편입을 위해서 더 열심히 공부하고 있는 중이다. 늦다고 생각하는 이때가 가장 빠른 때이다.

5. 립스틱 짙게 바르고

엄마는 주간보호센터를 다니면서 많은 부분이 달라졌다. 엄마는 그림 그리는 것을 좋아한다. 매일 그린 그림 A4용지 한 장을 가지고 와서 주무시는 방 벽에 붙여 달라고 한다. 주간보호센터에서는 요일별로 다양한 프로그램이 진행된다. 노래교실, 만들기, 그리기, 각종 공연, 동화 구연, 꽃 가꾸기, 종이컵 쌓기, 놀이치료 등 많은 프로그램이 있다. 엄마가 잘 적응하고 있어 너무 다행이다. 행여 도중에 집에 가고 싶다는 말을 할까 봐 늘 걱정하고 있었다. 언젠가부터 엄마가 주간보호센터에 가기 전에 꼭 화장을 한다. 립스틱을 짙게 바르고 파운데이션을 너무 많이 바르려고 한다. 엄마의 화장이 날로 진해지고 이것저것을 사 달라고 한다.

"엄마 화장이 너무 진한 것 같은데 조금만 덜 바르면 안 될까?"

내가 던진 한마디에 엄마는 오히려 한술 더 뜬다.

"얼굴에 기미가 너무 많아서 이걸 어떻게 지울 수 없겠느냐?"

주간보호센터 선생님과 통화를 한 뒤 엄마의 마음을 충분히 이해할 수 있었다. 얼마 전 센터에 멋진 할아버지 한 분이 새로 오셨단다. 프로그램을 하면서 그분이 엄마와 짝꿍이 되어 옆에 앉자, 엄마 얼굴에 생기가 돌며 더 적극적으로 참여하며 지내고 있다는 말을 들었다. 그러고 보니 엄마가 아직 여자였다는 것을 잊고 있었다.

할머니가 되어도 마음은 항상 청춘이다. 치매라고 해서 모든 기능을 잃은 것은 아니다. 어느 순간 잠깐잠깐 자신을 잃어버릴 때도 있지만 엄마의 무의식은 아직도 여자였던 것이다. 인간의 본능이 젊은 청춘에게만 살아 있는 것은 아니다. 나이, 치매와 상관없이 살아서 호흡하는 모든 사람이 다 그렇다. 본능이 움직인다는 것은 살아 있다는 증거이다. 누구 엄마로만 살았던 엄마가, 진짜 박복순으로 돌아온 것 같아 너무 좋았다. '엄마가 이대로만 잘 지낸다면 얼마나 좋을까?' 하는 바람을 가지게 되었다. 엄마는 그 후 한동안 화장하는 재미에 푹 빠졌다. 그리고 자식들이 챙겨준 홍삼 엑기스를 매일 몇 봉씩 챙겨 간다. 가끔 가족들이 먹는 과일, 간식도 몇 개만 싸 달라고 부탁을 한다. 엄마 마음은 어떤 걸까? 약탕기를 달고 살았던 아버지, 그런데도 동네 과부 아줌마랑 바람까지 피웠다는 아버지를 엄마는 극진히 섬기고 살았다.

  지금 센터에서 만나는 그 할아버지는 어떤 느낌으로 대하고 있을지 엄마의 마음이 애잔하게 느껴졌다. 엄마는 지금 어느 세계에 머물러 있을까? 행복하긴 한 걸까? 가난한 살림에 8남매의 끼니 걱정을 달고 살았던 엄마. 남편은 병약하여 어디에 기댈 곳도, 하소연할 데도 없었던 엄마였다. 논밭에서 일만 하느라 얼굴은 항상 구릿빛 색깔이었던 엄마가 요즘은 약간 설렌 듯 볼 터치를 하며 화장을 한다. 시집올 때 연지 곤지 찍은 이후로는 아마도 얼굴에 분 한번을 제대로 바른 적이 없이 살았을 것이다. 아무리 생각해도 화장기 있는 화사한 엄마 얼굴이 내 기억엔 없다.

  요즘 주간보호센터 선생님이 나를 부르는 호칭이 바뀌었다. 이쁜 할머니 딸이라고. 요즘 엄마는 주간보호센터 가는 시간을 손꼽아 기다린다. 어느 날은 시간 개념을 잊고 한잠을 푹 자고 나면 밤이고 낮이고 립스틱 곱게 바르고 화장을 하고, 예쁜 옷으로 갈아입고 주간보호센터를 가겠다고 한다. 그럴 때는 "엄마, 아직은 깜깜한 밤이야. 좀 더 자고 다음 날 아침에 주간보호센터 갈 때 알려 줄 테니 더 자야 해."라고 말해 준다.

이렇게 엄마의 지남력(指南力; 시간과 장소, 상황이나 환경 따위를 올바로 인식하는 능력)은 조금씩, 조금씩 상실되어 가고 있다. 요즘 엄마는 젊은 날 본인의 얼굴을 점점 잊어 가는 것 같다. 젊었을 때 본인 사진을 보고선 자꾸 누구냐고 묻는다. 누군데 왜 거기에 있냐고. 혹시 지난 날 아버지가 좋아했던 그 과부 아줌마로 기억되나 싶어 엄마 사진을 장롱 속 깊은 곳에 넣어 두었다. 같은 여자로 엄마를 충분히 이해한다. 그 상처는 말로 다 표현할 수 없을 것이다. 그 일로 생긴 응어리를 잊었을 리 없다. 대부분의 기억은 잊어 가고 있는데 그 아픈 기억은 아직도 남아 있나 보다.

'시앗(첩)을 보면 길가의 돌부처도 돌아눕는다.'는 말이 있다. 이는 남편이 첩을 보면 아무리 부처같이 어진 부인도 마음이 변하여 화를 낸다는 말이다. 사진 속 젊고 예쁜 엄마의 얼굴에서 엄마를 힘들게 했던 그 얼굴을 연상하고 있지는 않은지, 아리고 쓰린 마음에 엄마를 힘껏 꼭 안아 주었다. 엄마가 립스틱 짙게 바르고 예쁜 옷 입고 주간보호센터 가는 그날이 조금만, 아주 조금만 더 남아 우리 곁에 머물러 주길 바랄 뿐이다. 더는 욕심이 없다.

6. 증손녀와 왕할머니

　엄마는 증손녀 로하를 잊었다. 증손녀 로하는 아직 치매가 뭔지 왕할머니가 왜 그런지 이해할 수 없는 나이다. 로하 아빠인 외손주는 그래도 기억을 하고 있는데 그 증손녀는 기억하지 못한다. 잠깐씩 기억하다가도 어느새 전혀 모르는 아이 취급을 한다. 손녀 로하와 왕할머니의 대립은 항상 긴장 구도를 만든다. 로하가 외할머니인 나를 조금만 힘들게 하는가 싶으면 엄마는 곧 로하를 향해 막말을 한다. 왜 그러냐고, 눈을 흘기고 계속해서 저리 가라고 그러지 말라고 큰소리를 친다. 다섯 살배기 로하는 왕할머니가 왜 그런지 모른다. 그런 로하는 왕할머니가 무섭다고 또 큰 소리로 울어 댄다. 엄마와 로하, 둘은 옆에서 어떤 설명을 해도 이해를 못한다. 그나마 로하를 설득하는 편이 더 빠른 경우가 있다. 증손녀 로하가 엄마의 질투의 대상이 되었다.

　인생은 참 아이러니하다. 엄마 뱃속에서 열 달을 고이 채우고 세상 밖으로 나와 긴 여정의 삶을 끈질기게 산다. 그 끝이 어디인지도 모르고 그저 앞만 보고 산다. 지금 엄마의 행동을 보고 있으면 다시 어린아이로 돌아가고 있는 것 같다. 어린 증손녀를 견제하고 있다. 이는 엄마의 보호자인 내가 어린 증손녀에게 관심을 쏟는 것이 싫을 수도 있고, 딸이 고생하는 것이 싫어서 그럴 수도 있다는 생각을 한다.

　요양병원에서 근무하면서 치매 환자들을 보면서 늘 그런 생각이 들었다. 인생은 돌고 돌아 다시 제자리로 온다고. 천년만년 살아 낼 듯 바쁘게 살아도 어느 순간에는 다시 그 자리로 돌아와 있다. 시간이 지나면서 증손녀 로하는 자기 나름대로 왕할머니와 사이좋게 지내는 법을 터득해 가고 있다. 왕할머니가 주간보호센터에서 그려 온 그림, 만들기, 종이접기 작품들을 좋아한다. 색칠놀이도 꼭 왕할머니와 한다. 로하 눈에는 왕할머니가 뭐든 척척 잘 해내는 사람으로 보인다는 것이다. 증손녀는 왕할머니의 작품들을 부러움으로 본다. 왕할머니 방에 걸어 놓은 작품들을 시기한다. 자기 것도 붙여 달라고 한다. 우리 집은 작은 미술관이 되었다. 엄마가 로하를 이해하기보다는 로하가 왕할머니의 비유를 잘 맞춘다. 하루가 다르게 커 가는 증손녀 로하는 왕할머니의 상황을 더 잘 인지하고 있다. 예전보다 왕할머니를 잘 챙긴다. 약 가져오기, 물 갖다 드리기, TV 리모컨 찾기 등 다수의 작은 심부름도 제법 해 낸다.

　엄마의 인지는 자꾸 더 떨어지고 있는데 반해 증손녀 로하는 시간이 지나면서 인지가 더 좋아지고 있다. 엄마와 로하를 보면서 나는 다시금 인생을 배우고 있다. 뭣이 중한지, 삶의 척도를 어디에 두고 살아야 할지 다시 점검 중이다. 증손녀 로하에게는 지금 이 시간들이 소중하다. 왕할머니로부터 추억할 수 있는 소중한 기억들을 선물로 받고 있는 중이다. 왕할머니와 로하만의 추억들은 훗날 로하를 행복한 사람으로 성장하게 해 줄 것이다. 치매가 어떤 병인지 이해가 될 때면 왕할머니에 대한 기억들이 얼마나 소중한 것들인지를 알 것이다. 왕할머니와 함께한 많은 기억들은 로하만의 보물로 남아 있을 것이다.

남들은 치매 엄마를 모시고 있다고 한마디씩 한다. "애쓴다. 어찌 그렇게 할 수 있냐."고 칭찬 아닌 칭찬을 한다. 처음엔 나도 치매 엄마와 어떻게 지낼지 막연했다. 짜증을 내기도 했다. 화가 치밀어 오르기도 하고, 마음이 아프기도 했다. 그러다 어느 순간 엄마와 지내는 시간들은 내가 진짜 어른으로 가고 있음을 알게 되었다. 나이만 먹는다고 다 어른이 되는 것은 아니다. 어른은 그 어떤 상황에도 휩쓸리지 않고 묵묵히 살아 내는 것이 어른이다.

엄마는 진정한 어른으로 살았다. 가난 앞에서도 굴하지 않고 8남매를 자기 알맹이 다 내어 지켜 냈다. 지금도 어른 엄마가 나를 지키고 있는 중이다. 어른 같은 사람이 되라고. 치매 엄마와 동거가 그리 말처럼 쉬운 일은 결코 아니다. 그 힘듦을 어떻게 글로 다 나열할 수 있겠는가? 그러나 힘들다고 생각하면 한없이 힘든 일이지만, 또 다른 면으로 보면 그저 보통의 일상이라고 말할 수 있는 일이기도 하다. 하나의 바람을 더 하자면 엄마가 증손녀 로하랑 지낼 수 있는 이 시간들이 우리 가족에게 좀 더 오래 허락되길 바랄 뿐이다.

7. 흥부자상 박복순

요즘 엄마의 언어가 많이 바뀌었다. 보는 사람마다 "부자 되세요. 부자 되세요."라고 한다. 주간보호센터 복지사가 엄마의 말에 매일 행복하다고 한다. 하루에도 몇 번씩 볼 때마다 그런다고 한다. 가끔 집 근처 주변을 산책할 때 사람들을 만나도 "부자 되세요. 부자 되세요."를 한다. 주간보호센터를 다니면서 엄마의 또 다른 면을 보게 되었다. 엄마는 늘 일만하고 과묵한 편이라고 생각했다. 나는 엄마가 소리 내어 웃는 모습을 본 기억이 별로 없다. 그런 엄마가 주간보호센터에서 '흥부자상'을 받았다. 센터에서 하는 장기 자랑에서 춤도 잘 춘다고 한다. 나는 엄마가 노래 공연에서 앞에 나와서 춤을 춘다는 것은 한 번도 상상해 본 적이 없다. 엄마는 놀 줄도, 노래도, 춤도, 못하는 사람으로만 생각했다. 그런 엄마가 춤을 추고, 노래를 하고, 흥이 너무 많아서 흥부자상을 받았다는 사실에 놀랐다. 지금도 시골에서는 농번기가 시작되기 전에 동네 사람들이 꼭 관광버스를 대절해 놀러 간다. 엄마는 그 관광버스를 여태껏 한 번도 타 본 적이 없다. 삶이 허락지 않았다.

요즘엔 쌀이 그리 귀하지 않다. 흔한 게 쌀이다. 그 흔한 쌀을 엄마는 부엌 쌀독 안에 한 번이라도 가득하게 채워 본 적이 있기나 할까? 어릴 적 기억엔 쌀밥 먹는 날은 추석과 설날뿐이었다. 지금 기억에도 그 쌀밥은 아주 달달했다. 입안에서 살살 녹았다. 그 외에는 늘 보리밥, 밀가루 수제비, 고구마, 감자 등을 먹었다. 그렇게 자식새끼 끼니 걱정에 엄마는 억척같이 일만 하셨다. 일에 치여서 나들이 한 번을 가지 못하고 살았던 것이다. 그러니 엄마의 노랫소리를 들어 본 적은 더더욱 없다.

얼마 전 엄마는 가고 싶은 곳이 있다고 했다.
"내장산 단풍 구경을 꼭 한 번 하고 싶다."

그 말끝에 생각해 보니 엄마랑 나들이 한 번을 해 본 기억이 없었다. 지금 생각해 보면 그렇게 어려운 일도 아닌데, 이제 보니 나에겐 엄마랑 놀러 가서 같이 찍은 사진 한 장이 없다. 엄마랑 같이 찍은 사진은 학교 졸업 사진뿐이다. 생각하니 내 자식들과는 나들이도 여행도 많이 다녔으면서도 정작 엄마하고는 나들이 한 번 못한 나쁜 딸이 나였다. 엄마에게 참 많이도 미안하고 죄송한 마음이었지만, 그래도 엄마와 나들이를 할 수 있는 시간이 조금이라도 남아 있어 다행이다 싶었다.

그해 가을에 엄마를 모시고 내장산 단풍 구경을 갔다. 그러나 우리는 내장산 주차장까지만 갔다 왔다. 몇 해 전 무릎관절 수술을 하고 난 후 걸음이 많이 불편해서 엄마는 걸어서는 내장산 안까지 갈 수가 없었다. 힘들게 왔으니 휠체어를 타고서라도 더 안으로 가 보자고 했지만 엄마는 싫다고 했다. 여기서 내장산 단풍을 보면 된 거라며… 그렇게 엄마랑 나는 내장산 주차장에서 멀리 보이는 내장산 단풍을 뒤에 두고 돌아왔다. 돌아오는 차 안에서 엄마가 말했다.

"너무 좋구나, 너무 좋아!"

젊어서 여기를 꼭 한 번은 오고 싶었다고. 엄마의 그 말에 나를 누구보다 더 예뻐하는 것을 알면서도 나 살기 바쁘다는 이유로 여태 엄마의 작은 소원 하나 못 들어주고 살아온 내가 미워졌다. '난 참 못난 자식이었구나.' 내 자신이 한없이 미운 날이었다.

집으로 돌아오는 차 안에서 엄마는 노래를 불렀다.

"연분홍 치마가 봄바람에 휘날리더라.
오늘도 옷고름 씹어 가며 산 제비 넘나들던 성황당 길에
꽃이 피면 같이 웃고 꽃이 지면 같이 울던
알뜰한 그 맹세에 봄날은 간다."

엄마의 노래가 서글픈 듯, 뭔가 한이 있는 듯 애잔하게 들렸다. 엄마가 노래를 잘 부른다는 것보다, 이 노래 가사를 틀리지 않고 부른다는 것에 더 깜짝 놀랐다. 흥이라곤 없는 엄마, 노래를 부른다는 것은 더 상상도 못했던 그런 엄마가 이런 노래를 가사 하나 틀리지 않고 부른다는 게 더 마음이 아팠다. 많은 기억들을 잊은 엄마가 이 노래를 이리도 잘 부를 수 있다는 것은 얼마나 많이 불렀다는 걸까? 누구도 보지 않은 앞산, 뒷산에서 나물을 뜯으며 불렀을까? 화전 밭 일구면서 불렀을까? 새벽에 자식 새끼 추울까 봐 부엌에 장작불 피우면서 불렀을까? 꿈도 많고 어여뻤을 젊은 시절의 엄마를 생각하니 뜨거운 눈물이 났다. 살아 내기 위한 삶의 무게가 얼마나 무거웠으면 저런 흥과 감정도 드러내지 못하고 살았던 걸까? 자식들을 지켜 내야 한다는 것과 가족에게 부담 주는 삶을 살아선 안 된다는 생각에 자신을 꽁꽁 묶어 놓고 살았음을 이제 비로소 알게 되었다.

엄마는 팔순이 넘어서까지 하우스 안에서 시설채소와 상추 따는 일을 했다. 그런 엄마가 뭘 좋아하는지, 어떤 생각을 하는지 알려고도 하지 못했다. 아니 엄마는 그냥 그렇게 우리 엄마로만 살면 된다는 생각을 했다. 지금 생각해 보니 진짜 이기적인 딸이었다. 엄마도 자기감정이 있고 그것

을 표현할 수 있는 사람이었는데….

　치매로 엄마가 잃은 것도 많지만 얻은 것 또한 많다. 손맛 김치, 빛깔 좋은 쫀득한 청포묵, 손두부 등, 뚝딱하면 만들어 내는 요술방망이 같은 엄마의 손맛을 잃어버렸다. 하지만 또 다른 엄마 자신을 찾았다. 노래하는 엄마, 그림 그리는 것을 좋아하는 엄마, 흥에 겨워 춤을 추는 엄마. 엄마는 이제야 비로소 온몸으로 말하고 있는 것이다. 난 행복하다고, 아직은 청춘이라고. 지난한 세월을 보내며 마음 깊이 꼭꼭 숨겨 둔 응어리들을 노래로 춤으로 훨훨 털어 내고 있는 중이다. 그러나 그것도 얼마 지나지 않아 잊어버릴지도 모를 일이다.

　자기 자신을 잊어 가는 치매. 자신이 누구인지조차 잊는다는 것은 분명 안타까운 일이지만, 이젠 엄마의 치매를 너무 안쓰럽고 안타까운 시선으로 바라보기보다는 또 다른 자신을 채우는 과정이라고 생각하기로 했다. 젊어서 못내 아쉬웠던 일, 마음에 사무쳤던 일 등, 엄마가 미완성으로 남겨 둔 일부분을 채워 가는 그 과정을 이제는 끝까지 옆에서 지켜 주고 싶다. 행복과 불행은 동전의 앞뒷면이 아니다. 행복과 불행은 늘 같은 자리에 있다. 행복의 질량과 불행의 질량은 같다. 어느 게 행복이고 어느 게 불행이라고 말할 수 있겠는가? 행복과 불행 또한 우리가 살아가는 하나의 과정이다. 우리가 살아가는 삶 한가운데 있다. 제각기 선택한 몫만큼 각기 다른 삶을 살아 내고 있을 뿐이다.

어제 같은 오늘, 오늘 같은 내일을 살아가고 있다. 하지만 그날들이 같은 날들은 단 하루도 없다. 우리는 그렇게 매일 다람쥐 쳇바퀴 돌듯이 살아간다. 하지만 늘 새로운 한날을 살아 내고 있다. 엄마와 나 또한 매일매일 새로운 한날을 살아 내는 중이다. 세상에 많고 많은, 수많은 인연 중에 엄마와 딸이라는 이름으로 살고 있다. 엄마 딸이어서 다행이고, 엄마가 나의 엄마여서 너무 다행이다. 치매로 전부를 잊었다고 해도, 엄마는 나의 전부인 하나뿐인 알맹이다.

아래는 이제는 알맹이를 다 내어 주고 빈껍데기만 남은 나의 엄마를 위해 지은 시다.

빈껍데기

그 어느 세월 빈자리에 남은 건 속이 훤히 보이는 얇디얇은 빈껍데기뿐
엄마의 볼 터질 듯 통실통실 꽉 찬 알맹이들
빨주노초파남보 무지개꿈,
어디에 숨겨 놓고 못 찾을까?

머리 좋고 잘 생겼다고 잘난 맛에 사는 큰아들 허리춤에 숨겨 놓았을까?
가난이 싫다며 집 나간 둘째 아들 마음 어디에 숨겨 놓았을까?
카메라가, 사진 찍는 게 좋다고 한 셋째 아들 카메라 가방 속에 숨겨

놓았을까?

　친구가 좋다, 남진이 좋다, 온 극장을 휘젓고 다닌 넷째 오빠 청바지 뒷주머니에 숨겨 놓았을까?

　덩치 좋고, 힘 좋고, 성질 급한 다섯째 오빠 등 사이 어디에 숨겨 놓았을까?

　일찌감치 돈 벌러 공장 간 언니 작업복 주머니에 숨겨 놓았을까?

　공부하겠다고 끝까지 포기 못한 막내딸 가방 속 책갈피 속에 숨겨 놓았을까?

　멍청하게 순하기만 한 막냇동생 보이스카우트 단복 어디에 숨겨 놓았을까?

　늘 아프기만 했던 아버지 약탕기 속에 숨겨 놓았을까?

　볼 터질 듯 핑크빛, 통이 실한 알맹이들
　빨주노초파남보 무지개꿈,
　그 알맹이들 어디에 숨겨 놓았을까?

　콩 심고 고구마 심던, 그 화전 밭 모퉁이에 숨겨 놓고 왔을까?
　봄이면 고사리, 취나물, 온갖 나물 캐다 깜빡 잊고 앞산 어디에 두고 왔을까?
　열무 몇 단, 콩 조금, 말린 나물 조금, 검은 봉지 몇 개 들고 장에 나가 팔다가 혹시 깜빡 잊고 왔을까?
　품앗이 밭 매러 갔다 어린 새끼 배고플까 바삐 오다 길모퉁이 어디에 흘렸을까?
　새벽 일찍 맷돌에 콩 갈아 손 두부 만들어 팔다가 그 어느 집 두부 봉지에 휩쓸려 갔을까?
　긴긴밤 구멍 난 양말 기우다 호롱불 밑 어디에 두었을까?
　정부미 아껴 먹던 쌀독 안에 감춰 두었을까?

　울 엄마 볼 터질 듯 핑크빛 통이 실한 알맹이들
　빨주노초파남보 무지개꿈,
　어디메서 찾을 수 있을까나?

브레인와이즈(디멘시아북스 자매출판사) 출간도서

우리 부모님의 이상한 행동들
저자 곽용태

치매 그것이 알고 싶다
저자 양영순

엄마도 엄마가 필요하다
저자 김은정

스페이스 멍키의 똥 (제1회 디멘시아 문학상 대상 수상작)
저자 박태인

섬 (제1회 디멘시아 문학상 최우수상 수상작)
저자 이정수

피안의 어머니 (제3회 디멘시아 문학상 최우수상 수상작)
저자 조열태

2020년 세종도서 선정

치매에 대한 올바르고 정확한 지식과 정보를 전달하고자 노력하는 치매 전문 출판사입니다.